ANNEMARIE IMGRUND

DEINE FENSTERBANK KANN GARTEN!

Jetzt gedeihen Gemüse, Kräuter, Pilze, Sprossen und Co. auch bei dir zu Hause

ANNEMARIE IMGRUND

DEINE FENSTERBANK KANN GARTEN!

Jetzt gedeihen Gemüse, Kräuter, Pilze, Sprossen und Co. auch bei dir zu Hause

Inhalt

VORWORT

Das Bewusstsein für eine gesunde Ernährung wird immer größer und vermehrt steht Qualität vor Quantität. Bio-Gemüse ist gefragter denn je und ebenso steigt das Interesse am Gärtnern und Selbstversorgen als nächster logischer Schritt.
Für mich ist dieses grüne Hobby ein schöner Ausgleich zum oft stressigen und wilden Alltag. Im Garten an der frischen Luft in der Erde zu wühlen, Pflanzen zu pflegen und mich an ihnen zu erfreuen erdet mich und baut Stress ab. In unserem großen Garten kann ich mich nach Belieben austoben und probieren. Wer in der Stadt wohnt, weiß allerdings, wie rar die Wohnungen mit eigenem Garten und wie lang die Wartelisten für Mietgärten sind. Aber wer sagt eigentlich, dass es einen Garten braucht, um Gemüse anzubauen?
Für den Anbau von frischem, saisonalem und regionalem Gemüse und Kräutern reicht schon eure Fensterbank, die Kücheninsel und auch der kleinste Balkon aus. Ihr braucht keine großzügige Freiluftfläche außerhalb des Stadtkerns. Viele Gemüsesorten finden in den eigenen vier Wänden Idealbedingungen vor, da sie ohnehin lieber in einem Gewächshaus stehen. Ein weiterer Vorteil ist, dass sogar zwei- oder gar dreimal im Jahr geerntet werden kann. Wer selbst anbaut, weiß außerdem, was drinsteckt, und verkürzt die Wege zum Kochtopf. Außerdem: Das viele Grün und die duftenden Kräuter verwandeln eure Wohnung in eine grüne Wohlfühloase. Der Indoor-Gemüsegarten ist also auch noch mehr als eine Notlösung für diejenigen unter uns ohne Garten.
Wer auf Nachhaltigkeit setzt, kommt vor allem in der Stadt schnell an seine Grenzen und sucht möglichst umweltschonende Alternativen, um den eigenen CO_2-Fußabruck zu senken und Ressourcen zu schonen. Und die gibt es. Beim Gärtnern in der Wohnung ist es leichter, auf Plastik und Müll zu verzichten, als man annimmt. Und: Nachhaltigkeit kann auch beim Indoor-Hobbygärtnern gelebt werden.
Was wie und wo geht, nachhaltige Tipps und Tricks sowie cleverere und einfache DIY Ideen findet ihr in diesem Buch.

MEIN WEG IN EIN NACHHALTIGERES LEBEN

Von der Ernährung übers Bad und die Kleidung bis hin zu einem Verein gegen Lebensmittelverschwendung – ich habe mein Leben umgekrempelt.

Seit 2014 ist nachhaltiges Leben mein Alltag. Angefangen hat es im Badezimmer, als ich meine Kosmetik- und Pflegeprodukte aussortiert habe. Mir sind immer wieder nicht aussprechbare Inhaltsstoffe ins Auge gefallen. Nach kurzer Recherche stellte sich heraus, dass all meine Produkte voller Plastik, Silikone, Erdöl und weiteren schädlichen Ingredienzien für mich und die Umwelt steckten.
Und weil ich auch nichts esse, was mir schadet, wollte ich mir nicht länger Cremes und Kosmetik auf die Haut geben, die womöglich nicht gut für mich sind. So stieg ich vom einen auf den anderen Tag auf Naturkosmetik um und das Thema Nachhaltigkeit fand immer weiter Einzug in mein Leben. Nachdem ich im Bad fertig war, folgte fair und nachhaltig produzierte Kleidung, eine plastik- und chemiefreie Küche sowie eine regionale, saisonale und biobasierte Ernährung. Ich wechselte zu Ökostrom, einer nachhaltigen Bank und lasse das Auto immer öfter stehen.

Gegen Lebensmittelverschwendung

Vor ein paar Jahren gründete ich mit einer Gruppe engagierter Menschen zudem einen Verein, um gegen Lebensmittelverschwendung in unserer Stadt zu kämpfen. Denn jährlich landen allein in Deutschland fast die Hälfte aller produzierten Lebensmittel in der Tonne. Und das Schlimmste daran: Die meisten davon sind noch genießbar. Während hier jede Menge wichtige Ressourcen verschwendet werden, sind diese in anderen Ländern dringend nötig. Nachhaltig

leben heißt deshalb für mich auch, Lebensmittel zu verbrauchen, nicht sie wegzuschmeißen.
Es gibt noch immer Bereiche, in denen mir manches leichter gelingt als in anderen. Außerdem probiere ich gerne neue Dinge aus. Und natürlich spielt Nachhaltigkeit auch in meinem Garten eine große Rolle. Die Umstellung auf ein nachhaltiges Leben ist ein Prozess, der dauert.

Warum nachhaltig Gärtnern?

Das Gärtnern ist ein grünes, abwechslungsreiches und erfüllendes Hobby. Wir sind nah an der Natur, arbeiten in und mit ihr und können reichlich ernten, was wir säen. Auf den ersten Blick. Denn hinter dem, was so schön grün aussieht, können sich zahlreiche Umweltbelastungen verbergen. Die Folgen für die Natur, den Menschen und das Klima sind enorm.
Es gibt eine ganze Liste von No-Gos beim Gärtnern: Angefangen bei torfhaltiger Blumenerde, für die die ökologisch so wichtigen Moore zerstört werden. Dazu kommen noch Unmengen an Plastikmüll für Töpfe und Utensilien, die beim Gärtnern benötigt werden. Und dann gibt es ja auch noch die chemischen Pflanzenschutzmittel und Dünger, die die Böden, Gewässer, die Artenvielfalt und unsere Gesundheit belasten können und die nicht nur Schädlinge, sondern auch Nützlinge töten. Nachhaltiges Gärtnern in den eigenen vier Wänden ist daher so viel mehr als nur das Bio-Gemüse, das wir ernten. Denn wir leisten damit aktiv einen kleinen, aber feinen Beitrag zum Umwelt- und Klimaschutz.

So ein Rosmarin macht auch im Topf echt was her und duftet so wunderbar. Und bei guter Pflege kann er bald in einen größeren Topf umziehen.

Muss das sein?

Allein in Deutschland landen jährlich ca. 11 Millionen Tonnen genießbarer Lebensmittel im Müll. Das sind 275.000 LKW voll. Und das ist beinahe die Hälfte der produzierten Menge.

DAS GARTEN-JAHR IN DER WOHNUNG

Gemüse und Kräuter aus eigenem Indoor-Anbau schmecken fantastisch und kommen von der Fensterbank gleich auf den Tisch. Frischer, saisonaler und regionaler geht es nicht.

ES GEHT AUCH INDOOR

Welche Vorteile habe ich beim Gärtnern im Haus und auf dem Balkon? Welche Arten und Sorten eignen sich? Was gilt es zu beachten?

Eine erfolgreiche Ernte kann sowohl auf dem Balkon als auch in der Wohnung erzielt werden. Hier ist die Saison sogar wesentlich länger als die im Outdoor-Garten, denn die beinahe konstanten Temperaturen und der Schutz vor übermäßigem Regen, Wind und Frost bieten optimale Bedingungen für viele Kräuter und Gemüsesorten. Ihr könnt mit der Pflanzenanzucht bereits früh im Jahr beginnen und die jungen Pflanzen dann bald umtopfen. Kräuter könnt ihr unabhängig von der Jahreszeit das ganze Jahr ernten und auch die Erntezeit bei manchen Gemüsepflanzen dauert länger an.

Grüner geht's nicht – so viel wie möglich selbst anbauen

Neben einer Menge Spaß und Aha-Momenten bietet euch die Kultivierung von Gemüse und Kräutern viele Vorteile: Frischer, regionaler und saisonaler könnt ihr euer Grünzeug nämlich gar nicht auf den Teller bekommen. Gesünder auch nicht. Nachhaltig gärtnern heißt, auf synthetische Dünger und torfhaltige Erde zu verzichten und biologisches Saatgut und Jungpflanzen zu verwenden. Der Impact auf die Umwelt ist dabei größer, als ihr denkt. Ihr spart eine Menge wertvoller Ressourcen ein und schont nicht nur die Natur, sondern auch euren Geldbeutel. Regelmäßig einen neuen Pott Basilikum aus dem Supermarkt zu kaufen, das geht ins Geld und ist Verschwendung pur.
Außerdem vermittelt das Hegen und Pflegen eine ganz besondere Wertschätzung der Nahrungsmittel. Die fehlt mir im Alltag viel zu oft, wenn ich sehe, wie viele Lebensmittel täglich in der Tonne statt auf dem Teller landen.

Was geht und was nicht geht

Klar ist, dass sich nicht jedes Gemüse oder Kraut für den Anbau in den eigenen vier

Indoor-Gärtnern hat Suchtpotenzial: Salat, Gemüse und Kräuter auf der Fensterbank gedeihen zu lassen ist nicht schwer und macht unglaublich viel Spaß.

Wänden eignet. Manche Pflanzen, z. B. Zucchini, brauchen mehr Platz und Sonne, als die Wohnung hergibt. Auf einem sonnigen Balkon und in einem ausreichend großen Topf wachsen Zucchini aber ganz gut. Außerdem gibt es von vielen Gemüsearten auch klein bleibende Sorten, die besonders gut für den Anbau im Topf geeignet sind. Dann gibt es Gemüse, das sehr tief wurzelt. Schwarzwurzeln sind ein gutes Beispiel dafür. Man bräuchte extrem tiefe Gefäße, um sie anbauen zu können, außerdem lieben sie Kälte und die könnt ihr den Schwarzwurzeln im Haus nicht bieten. Auch Mais ist eher was für den Garten, er wächst sehr hoch und wurzelt gleichzeitig tief. Im Topf würde er nur kümmern.

Logisch ist auch, dass der Platz in eurer Wohnung vermutlich nicht ausreicht für eine Selbstversorgung. Darum soll es in diesem Buch aber auch gar nicht gehen. Dennoch lassen sich z. B. auch Tomaten, Paprika, Salatgurken und eine Vielzahl Kräuter auf der Fensterbank und dem Balkon kultivieren. Wie bei Zucchini beschrieben gibt es von vielen Gemüsearten Sorten, die klein und kompakt wachsen. Für die Kultivierung im Haus oder im Garten sind die genau richtig.

Aller Anfang ist leicht

Dass noch keine Profis vom Himmel gefallen sind, brauche ich euch nicht zu erzählen. Fangt einfach an und tastet euch mithilfe der Anleitungen langsam ran. Ich garantiere euch, ihr habt alle einen grünen Daumen und werdet mehr Erfolg haben, als ihr denkt. Überstürzt es aber nicht und fangt erst mit ein paar Pflanzen an, vielleicht einem Lieblingsgemüse und ein paar Kräutern.

Indoortaugliches Gemüse, Kräuter & Co.

Gemüse

Bohnen
Chili
Erbsen
Gurken
Karotten
Kohlrabi
Lauch
Paprika
Pilze
Radieschen
Rote Bete
Salat
Zucchini

Kräuter

Basilikum
Currykraut
Dill
Duftpelar-gonie
Kerbel
Koriander
Liebstöckel
Majoran
Minze
Oregano
Petersilie
Rosmarin
Salbei
Schnitt-lauch
Thymian
Zitronen-verbene

Microgreens

- Amarant
- Bohnen
- Brokkoli
- Buchweizen
- Erbsen
- Karotten
- Kresse
- Mangold
- Pak Choi
- Quinoa
- Radieschen
- Rotkohl
- Rucola
- Senf

Sprossen

- Alfalfa
- Bockshornklee
- Brokkolisprossen
- Kresse
- Linsen
- Mungbohnen
- Sonnenblumensprossen

GÄRTNERN OHNE GARTEN: DIE BASICS

Zum Wachsen benötigen Pflanzen Licht, Wasser, Erde – zumindest meistens – und Nährstoffe. Stellt man die ausreichend zur Verfügung, steht dem Indoor-Garten nichts mehr im Wege.

GROSSE ERNTE AUF KLEINEM RAUM

Gärtnereien und Pflanzenabteilungen haben eine magische Anziehung auf mich. Auf euch auch? Worauf wartet ihr? Mit ein wenig Wissen, Tipps und Tricks erweckt auch ihr euren grünen Daumen.

Über Jahrhunderte haben sich Pflanzen an die unterschiedlichsten Bedingungen in der Natur angepasst und wachsen selbst an entlegensten Orten. Der Mensch hat zu dieser Veränderung und Anpassung beigetragen. Das heißt allerdings nicht, dass wir Pflanzen einfach irgendwo parken und darauf hoffen können, es passiert etwas.

Gute Bedingungen oder Überall und Nirgendwo

Bevor mit dem Anbau begonnen wird, ist es unabdingbar, dass ihr euch einmal die Gegebenheiten in der Wohnung und auf dem Balkon anschaut. Zwar kann auf dem kleinsten Balkon ein kompletter Garten gedeihen und Tomaten auch auf dem Fensterbrett leuchtend rot heranwachsen, doch gibt es für den Ernteerfolg ein bisschen was zu beachten. Die Bedingungen sind nämlich ein wenig anders als die im Garten, wo das Wachsen und Gedeihen mit ein wenig Pflege fast von allein geschieht. Was wir brauchen, ist dennoch erstaunlich wenig.

Von Sonnenanbetern und Schattenkünstlern

Um zu wachsen und die Früchte reifen zu lassen, benötigen die meisten Pflanzen viel Sonnenlicht. Die Sonne ist neben der Pflege das Wichtigste für eine erfolgreiche Ernte. Helle Plätze, vor allem Fenster, die nach Süden, Südost oder -west ausgerichtet sind, eignen sich für viele Gewächse am besten. Pflanzen aus warmen Gefilden wie Rosma-

Chilis wachsen auf einer sonnigen Fensterbank und geben Gerichten rund ums Jahr die gewisse Schärfe. Ernten könnt ihr sie von grün über orange bis rot.

rin, Oregano, Lavendel und Thymian können gar nicht genug von der heißen Sonne bekommen. Im Mittelmeer beheimatet schützen ihre dicken, mitunter nadelartigen Blätter sie vor Verdunstung und der intensiven UV-Strahlung. In der Natur werden schattige und halbschattige Plätze z. B. von Bärlauch, Petersilie, Schnittlauch, Bohnen und Salat bevorzugt. Ihre Blätter sind dünner und größer, sie haben also mehr Fläche, um selbst das wenige Sonnenlicht, das auch im Schatten größerer Gewächse noch durchscheint, aufzufangen.

Um den jeweiligen Gemüse- und Kräuterpflanzen gerecht zu werden, sollte hier vorab also gut überlegt und geplant werden, was wo am besten wachsen könnte. In den Porträts und Pflanzensteckbriefen beim Gemüse und den Kräuter findet ihr viele Informationen über geeignete Standorte, den Lichtbedarf und das Substrat.

Hoch hinaus will auch untergebracht werden

Neben dem Standort ist es wichtig, die Größe der Pflanzen zu berücksichtigen. So manche Sorte kann im Laufe ihres Wachstums ausladend werden, auch Gurken nehmen unter Umständen viel Platz ein. Deshalb muss ein Anbauplan her. Wie viel Platz steht überhaupt zur Verfügung und welche Pflanze bevorzugt welchen Standort?

Wind und Wetter selber machen

Was draußen Wind und Wetter leisten, müssen wir indoor selbst in die Hand nehmen. Die Wohnung ist für Pflanzen wie eine Art Gewächshaus. Täglich zwei- bis dreimal lüften ist daher wichtig, um beispielsweise der Verbreitung von Schimmelsporen vorzubeugen.

GANZ WICHTIG: ERDE UND WASSER

Über den Boden versorgen sich Pflanzen mit Nährstoffen und Wasser. Ihre Qualität ist entscheidend für den Ernteerfolg. Ohne Wasser kein Leben und doch wird sauberes Trinkwasser immer knapper.

Eure Topfpflanzen und Kräuter wachsen in einem statischen Erdreich ohne all die natürlichen Vorgänge und Organismen, die in der Natur vorkommen. Durch das Gießen verdichtet sich zudem die Erde und es fehlen die Nützlinge, die sie wieder auflockern. Die Folge: Der Luft-Sauerstoff-Austausch ist behindert oder gar ganz unterbrochen, sodass die Wurzeln die Pflanze nicht mehr ausreichend mit Sauerstoff versorgen können. Am Ende wird die Pflanze krank oder geht ein.

Das richtige Substrat

Handelsübliche Pflanzen- und Kräutererde ist meist nicht ganz optimal und universell für alle Gewächse verwendbar. Sie beinhaltet häufig vor allem Materialien wie Rindenmulch, Torf oder Kompost, die Wasser sehr gut speichern können. Für Kräuter wie Petersilie optimal, aber Rosmarin würde es nicht so gut gefallen. Mit ein paar Zutaten könnt ihr die Erde aber ganz individuell anpassen.

Kräutererde

Fertigmischungen eignen sich vor allem für Kräuter mit einem hohen Bedarf an Wasser und Nährstoffen wie Petersilie und Dill. Mediterrane Kräuter wie Thymian und Salbei hingegen benötigen meist kargen Boden, der wenig Wasser speichert, aber gut durchlässig ist. Für diese Kräuter könnt ihr die Erde einfach mit etwas Sand, Perliten oder Lavagranulat mischen. Tonscherben in der untersten Schicht dienen als Drainage, damit überschüssiges Wasser ablaufen kann.

Gut kombiniert für Gemüse

Drei Bestandteile reichen aus, um euer Gemüse optimal zu versorgen. Die Basis für eine gute Gemüseerde bildet Gartenerde oder Mutterboden. Dazu kommt reife Komposterde und etwas Sand. Alles bekommt ihr meist in kleinen Mengen kostenlos oder für wenig Geld beim Wertstoffhof oder für etwas mehr im Baumarkt und Gartencenter.

- Als Basis dient Gartenerde oder reife Komposterde. Sie verfügt über einen hohen Anteil an Ton, Lehm und wichtigen Mineralien und hat eine gute Struktur. Gartenerde und Mutterboden gibt den Pflanzen Halt und kann Nährstoffe langfristig speichern.

- Reife Komposterde ist Dünger und Bodenverbesser zugleich. Sie ist fein, organisch und verwöhnt eure Pflanzen. Mit ihr können schwere Böden aufgelockert und Wasser und Nährstoffe besser gespeichert werden.

- Sand wird für eine gute Durchlüftung und zur Vermeidung von Staunässe beigemischt. Ihr könnt auch Blähton, Lava oder Bims verwenden.

- Bei der Herstellung kommt es nicht auf das Gramm genau an. Ihr braucht nur die groben Verhältnisse. Am einfachsten ist es, alle Materialien zu gleichen Teilen zu mischen. Gartenerde darf auch ein bisschen mehr drin sein.

Ich mische das Substrat für meine Kräuter- und Gemüsepflanzen meistens selbst und kann so auf die individuellen Bedürfnisse der Pflanzen eingehen.

Der Umwelt zuliebe

Auf Torf solltet ihr generell verzichten. Ein genauer Blick auf die Verpackung gibt Aufschluss über die Zusammensetzung der Erde. Steht gar nichts dabei, ist mit Sicherheit Torf enthalten. Umweltfreundlicher sind Substrate mit Kompost, Holzfasern, Tonmineralen und Lavagranulat.

Wasser marsch

Pflanzen im Freiland bilden längere Wurzeln und benötigen nicht so häufig zusätzliches Gießwasser. In der Wohnung und auf dem Balkon sieht auch das wieder anders aus. Vor allem Tomaten, Gurken, Erdbeeren und Salat haben einen hohen Wasserbedarf. An heißen Tagen sogar noch mehr. Und je kleiner der Topf oder je größer die Pflanze, desto öfter muss gegossen werden. Sauberes Wasser zählt jedoch zu den knappen Ressourcen, nachhaltiges und sparsames Gießen ist daher wichtig, um den stetig sinkenden Grundwasserspiegel zu schonen.

Wenn ihr die Bedürfnisse eurer Pflanzen kennt, dann könnt ihr abschätzen, wann es Zeit ist zu gießen. Mediterrane Pflanzen wie Rosmarin und Thymian mit ihren nadelartigen bzw. kleinen Blättern kommen mit Trockenheit gut zurecht. Sie lieben karge, trockene Böden, die gut wasserdurchlässig sind. Je größer und feiner die Blätter hingegen, desto höher ist der Wasserbedarf.

Mit Fingerspitzengefühl

Ist die oberste Erdschicht angetrocknet, heißt das nicht, dass die Erde darunter komplett ausgetrocknet ist. Als Test könnt ihr einen Zeigefinger 2–3 cm tief in die Erde stecken und fühlen, ob der Wurzelballen noch feucht ist. Alternativ übernimmt ein Feuchtigkeitsmesser diese Arbeit. Er wird in die Erde gesteckt und zeigt an, ob genügend Restfeuchte vorhanden ist.

Locker durch die Erde atmen

Damit ausreichend Wasser im Erdreich gespeichert werden kann, muss sie locker und durchlässig sein und darf beim Gießen von oben nicht zu sehr verdichtet werden. Hilfreich ist es, wenn ihr so nah wie möglich am Wurzelballen gießt. Je nach Größe und Gewicht der Gefäße könnt ihr sie auch in eine Wanne mit Wasser stellen, sodass sich die Erde von unten mit Wasser vollsaugen kann. Das Blattwerk sollte nicht bewässert

Auf meinen »Umtopfpartys« bekommt jede Pflanze ein passendes Gefäß zum Wohlfühlen.

Wasser ist Leben und eine immer kostbarere Ressource. Dort, wo es geht, fange ich Wasser auf, um damit das Gemüse und die Kräuter zu gießen.

werden, um Krankheiten und einen Befall mit schädlichen Pilzen zu vermeiden.

Richtig gießen

Die Uhrzeit spielt vor allem im Sommer eine große Rolle. Die frühen Morgenstunden sind zum Gießen am besten geeignet. Jetzt verdunstet das Wasser noch nicht so schnell.

› Ideal ist es, wenn ihr Regenwasser auf dem Balkon auffangen könnt. Es hat die richtige Temperatur, ist weich und kostet nichts. Achtet darauf, dass der Auffangbehälter einen Deckel hat. So habt ihr einen Schutz gegen lästige Mücken und Fliegen.

› Wenn ich Gemüse oder Obst wasche, fange ich das Wasser zum Gießen in einer großen Schüssel auf. Falls in eurer Dusche erst kaltes vor warmem Wasser kommt, könnt ihr es auffangen und dann zum Gießen nutzen.

› Ihr solltet euer Gemüse nicht mit kaltem Wasser direkt aus dem Hahn gießen. Das schockt die Wurzeln sehr und hemmt dann ihr Wachstum. Stellt euch abends am besten schon Gießwasser für den nächsten Morgen bereit.

› Gießt besser durchdringend als ständig ein bisschen, sodass das Wasser aus dem Topf in den Untersetzer läuft, und fangt das überschüssige Wasser auf.

› Mit Rindenmulch oder Heu könnt ihr die Töpfe abdecken und die Erdkruste so vor schnellem Austrocknen schützen.

GUT GENÄHRT

Für gutes Wachstum benötigen Pflanzen nicht nur Licht und Wasser, sondern auch verschiedene Nährstoffe wie Stickstoff, Phosphor oder Kalium.

Pflanzen, die im Topf kultiviert werden, müssen häufiger gedüngt werden, denn die in der Erde enthaltenen Nährstoffe werden schneller nach unten ausgewaschen, als sie aufgenommen werden können. Mit jeder Ernte werden ebenfalls die in die Früchte übergegangenen Nährstoffe entnommen.

Wie viel und was darf es sein

Gemüse und Kräuter lassen sich in Schwach-, Mittel- und Starkzehrer einteilen. Gurken und Tomaten brauchen besonders viele Nährstoffe und müssen regelmäßig gedüngt werden. Schwachzehrer wie viele Kräuter, Radieschen oder Feldsalat kommen mit dem aus, was die Erde hergibt. Salate, Karotten und Kohlrabi haben dagegen einen mittleren Nährstoffbedarf. Im Handel gibt es verschiedenste Dünger, organischen und mineralischen in flüssiger oder fester Form. Mineralische Dünger können schneller aufgenommen werden, sind aber problematisch für die Umwelt. Besser sind organische Dünger aus Stoffen tierischen oder pflanzlichen Ursprungs.

Daneben gibt es aber auch noch Dünger, die im Haushalt anfallen, z. B. Kaffeesatz. Kaffee hat einen niedrigen pH-Wert und eignet sich gut für Pflanzen, die saure Böden bevorzugen. In ihm sind Stickstoff, Phosphor, Gerbsäure und Kalium enthalten. Gurken, Tomaten und Paprika könnt ihr mit dem getrockneten Kaffeesatz düngen. Für kalkliebende Kräuter wie Schnittlauch und Salbei eignen sich pulverisierte Eierschalen.

Nützlich ist außerdem ein Bokashi-Eimer. Organische Küchenabfälle werden hierbei zusammen mit Mikroorganismen in Pulver- oder Flüssigform vermischt. Das Ferment vergärt im luftdicht verschlossenen Eimer die Abfälle zu flüssigem Dünger.

DIY-Dünger Brennnesseljauche

Selbst angesetzte Brennnesseljauche ist ein guter Dünger und kann auch sonst vielseitig eingesetzt werden. Sie beinhaltet zahlreiche Nährstoffe wie Kalzium, Magnesium, Eisen und Stickstoff zum Düngen. Darüber hinaus ist sie wirksam gegen Schädlinge, z. B. lästige Blattläuse. Das Beste ist, sie kostet euch fast nichts. Brennnesseln findet ihr nämlich bestimmt in der Natur, in Parks, an Feldwegen oder im Wald.

Das wird benötigt:
1 große Tonne
1 Gitter oder Netz zum Abdecken
1 kg Brennnesseln
10 l Wasser

So wird's gemacht
Schneidet zunächst die Brennnesseln mit einer großen Schere klein. Handschuhe schützen euch vor unangenehmen Juckreiz. Gebt sie in die Tonne und schüttet das Wasser dazu. Einmal kräftig rühren, damit alle Pflanzenteile mit Wasser bedeckt sind, und dann heißt es warten. Nach wenigen Tagen beginnt die Gärung. Es bildet sich ein intensiver Geruch, der nicht ganz so wohlduftend ist. Die Zugabe von Gesteinsmehl mildert die Geruchsbildung. Auch etwas Kompost kann dazu beitragen.
Rührt alle 2 Tage einmal um. Bildet sich nach ca. 14 Tagen kein Schaum mehr beim Rühren und ist die Jauche dunkel geworden, kann es losgehen. Im Verhältnis 1:10 mit Wasser verdünnt, könnt ihr euer Gemüse einmal die Woche damit düngen.

Geeignet für:
Kürbis, Tomaten, Paprika, Gurken, Kartoffeln

Nicht geeignet für:
Bohnen, Feldsalat und Kräuter

SAATGUT & JUNGPFLANZEN

Die Auswahl an Saatgut ist riesig. Von Gemüse und auch von Kräutern gibt es viele Sorten, die sich in Farbe, Form oder Geschmack unterscheiden.

Die Auswahl ist riesig, für die Anzucht von Gemüse und Kräutern auf der Fensterbank und dem Balkon sollte eure Wahl aber auf kompakter wachsende Sorten fallen. Hinweise auf die Wuchsform, den Standort und darauf, wie die Sorten kultiviert werden können, findet ihr auf den Saatguttütchen.

Nachhaltiges Saatgut

Für eine umweltfreundliche Gemüseanzucht ist nachhaltiges Saatgut in Bio- oder besser noch in Demeter-Qualität am besten. Dieses Saatgut kommt aus ökologischer bzw. biologisch-dynamischer Landwirtschaft, ist also ohne synthetische Pflanzenschutzmittel und Dünger nachhaltig produziert worden.
Bio ist übrigens kein gesetzlich geschützter Begriff, wenn bio auf der Verpackung steht, muss also nicht unbedingt bio drin sein. Siegel wie Demeter und Bioland geben euch Sicherheit, dass auch wirklich bio drinsteckt. Hersteller für echtes Bio-Saatgut hab ich euch in den Bezugsquellen aufgelistet.

Samenfestes Saatgut und alte Sorten

Auf Samentüten findet sich häufig der Hinweis F1 oder F1 Hybrid. Es handelt sich um eine besondere Züchtungsmethode, die auf hohe Erträge abzielt. Ein gentechnisches Verfahren ist das aber nicht, wie oft behauptet wird. Das sogenannte Hybrid-Saatgut kann allerdings nicht weiter vermehrt werden. Falls doch, dann spaltet es sich in der Regel wieder in die zwei Ursprungspflanzen auf und die besonderen Merkmale der Zucht gehen verloren. Es muss also jedes Jahr neues Saatgut gekauft werden. Ökologisch produziertes Saatgut ist dagegen sa-

menfest, das heißt, die Samen können für den nächsten Anbau verwendet werden. Ihr könnt also selbst Saatgut ernten und bis zur Aussaat aufbewahren. Das ist billiger, macht noch mehr Spaß und ihr seid nicht abhängig von großen Saatgut-Konzernen.
Von Gemüse und Kräutern gibt es auch eine ganze Reihe alter und auch regionaler Sorten, die in früheren Zeiten angebaut wurden und neueren Züchtungen weichen mussten, weil die ertragreicher sind, schneller wachsen und makelloser aussehen. Tatsächlich sind viele dieser Sorten vom Aussterben bedroht, dabei sind sie oft sehr robust und lohnen einen Anbau im Haus und auf dem Balkon. Wenn ihr die eine oder andere alte Sorte zu Hause kultiviert, leistet ihr damit einen wichtigen Beitrag zum Erhalt der Artenvielfalt.

Nachhaltiges und qualitativ hochwertiges Saatgut zahlt sich nicht nur bei der Ernte aus. Ihr schützt damit die Artenvielfalt und die Umwelt.

Eigenes Saatgut oder Pflanzen aus der Gärtnerei

Wenn ihr eigenes Saatgut ernten und im nächsten Jahr aussäen möchtet, müsst ihr darauf achten, dass es nicht zu einer Fremdbestäubung der Pflanzen durch andere Sorten kommt. Bei Tomaten und anderem Gemüse gilt deshalb: Zwei unterschiedliche Sorten sollten nicht zu dicht beieinanderstehen. Aus den geernteten Früchten könnt ihr den Samen entnehmen oder Fruchtstände von Kräutern trocknen.
Eine andere Möglichkeit, um den eigenen Indoor- oder Balkongarten zu bestücken, sind vorgezogene Jungpflanzen aus der Gärtnerei oder einem Gartencenter. Ihr könnt sie je nach Bedarf einkaufen und spart euch den Aufwand und den Platz für die Anzucht. Vor allem Anfängerinnen und Anfänger wird der Einstieg erleichtert.
Beim Zukauf von Pflanzen greift ihr am besten ebenfalls auf Bio-Jungpflanzen zurück. Verschiedene Bio-Siegel wie das Lindenblatt, Demeter, Bioland, Naturland oder das deutschen Bio-Siegel sind vertrauenswürdig. Bio-Jungpflanzen sind robuster und unter Beachtung der Umwelt angebaut worden. Allerdings sind weniger Sorten im Angebot als bei den Samen.

WER KNABBERT DA AN MEINEM GEMÜSE?

Sie sind klein, mitunter sogar unsichtbar, können aber eine große Wirkung haben – Krankheiten und Schädlinge gibt es auch an Pflanzen.

Schnecken, Läuse, Käfer: In meinem Gemüsegarten machen mir Schädlinge regelmäßig das Leben schwer. In der Wohnung und auf dem Balkon kommen sie glücklicherweise seltener vor. Trotzdem können blattsaftsaugende Schädlinge eure Pflanzen schwächen und so manche Käfer, Fliegen sowie gefräßige Raupen, Larven, Engerlinge & Co. haben es auch auf eure Gewächse abgesehen. Außerdem können Pilze Krankheiten wie Mehltau verursachen. Bemerkt ihr einen Schaden, dann geratet nicht gleich in Panik und lasst die Finger lieber von irgendwelchen chemischen Bekämpfungsmitteln. Ich habe jede Menge Tipps für euch, wie ihr die Plagegeister loswerdet. Zuerst ist es aber wichtig, dass ihr die Schädlinge und Krankheiten erkennt, um dann die richtigen Schritte zu unternehmen. Die folgende Tabelle hilft euch dabei.

Vertrauen ist gut, Kontrolle ist besser

Im Haus sind meine Pflanzen ja geschützt, denkt ihr vielleicht. Wenn dann plötzlich massenhaft Blattläuse am Salat sitzen oder Weiße Fliegen bei jeder kleinen Berührung von der Petersilie hochfliegen, dann gibt's erst mal einen großen Schrecken. Aus Erfahrung kann ich euch sagen: Besser ist es, regelmäßig die Pflanzen zu kontrollieren, auf und unter die Blätter zu schauen, die Stängel zu inspizieren und auch mal an der Pflanzen zu rütteln. Wenn ihr Schädlinge und Krankheiten bald entdeckt, könnt ihr noch mit einfachen Mitteln Abhilfe schaffen, manchmal reicht es dann schon, befallene Blätter abzuwaschen oder abzuschneiden oder mit den Fingern die Schädlinge abzustreifen. Bei einem starken Befall – egal

Zu spät erkannt. Eine Gurkenpflanze, von Spinnmilben befallen. Unter günstigen Bedingungen breiten sich die Tierchen fix zu einer echten Plage aus.

ob Krankheit oder Schädling – kann es zu Verlusten kommen und auch andere Pflanzen können befallen werden.

Unterstützung ist gefragt

Neben dem Abwaschen der Blätter, Besprühen mit Schmierseifenlösung und anderen guten Tipps könnt ihr auch andere Tiere einsetzen, die Blattläuse & Co. gerne für euch dezimieren. Florfliegen, Schlupfwesen oder Räuberische Gallmücken laben sich an den Plagegeistern und ihr seid sie bald los. Die Larven der Florfliege fressen z. B. Blattläuse, Weiße Fliegen, Spinnmilben und Thripse.Diese Nützlinge sind gerade indoor sehr zuverlässig. In gut sortierten Gartenmärkten oder online könnt ihr die fleißigen Helfer kaufen bzw. bestellen.

Eine Laus kommt selten allein. Sie nehmen in Kolonien ruckzuck die ganze Pflanze ein.

Erkennen und Abhilfe schaffen
Was ist denn das an meiner Pflanze?

Krankheiten und Schädlinge – wie sie aussehen und welche Pflanzenteile sie befallen	Was ihr dagegen tun könnt
Blattläuse sind etwa 4 mm große geflügelte oder ungeflügelte, grün, rotbraun oder schwarzbraun gefärbte Läuse, die häufig in großen Kolonien an den Blattunterseiten, Stängeln oder Blüten eurer Pflanzen sitzen. Sie saugen an den Blättern und anderen Pflanzenteilen, die sich dann verformen. Häufig wird der Befall auch durch Rußtaupilze sichtbar, die sich auf den Ausscheidungen der Läuse, dem Honigtau, niederlassen.	Mit Hausmitteln wie Brennnesseljauche oder einer Schmierseifenlösung könnt ihr sie loswerden. Besprüht dazu die Pflanze gründlich. Stark beschädigte Pflanzenteile werden mit den Übeltätern abgeschnitten und im Restmüll entsorgt. Nützlinge wie Florfliegen, Schlupfwesen und Räuberische Gallmücken könnt ihr bei einem stärkeren Befall einsetzen.
Die Weiße Fliege zählt zu den Pflanzenläusen, besser gesagt zu den Mottenschildläusen. Sie sind besonders leicht zu erkennen, denn bei Berührung der Pflanzen fliegen sie sofort nach oben und zur Seite. Symptomatisch sind bei einem Befall gelbe Punkte auf der Blattoberfläche, die Blätter fallen später ab.	Mit Gelbtafeln oder Gelbstickern könnt ihr sie bekämpfen. Bei einem starken Befall könnt ihr Präparate auf Rapsölbasis oder Schmierseife einsetzen. In der Wohnung sind Schlupfwespen als Fressfeinde eine Alternative. Diese sterben ab, sobald alle Schädlinge vertilgt sind.
Kohl-, Zwiebel- und Möhrenfliege zählen zu den Gemüsefliegen. Wirklich lästig sind deren Larven, denn die fressen vor allem gerne an Jungpflanzen. Sie mögen Keimblätter, fressen in Stängeln und an Wurzeln.	Möhren- und Zwiebelfliegen mögen das jeweils andere Gemüse nicht, was diese zu optimalen Nachbarn macht. Ihr könnt auch über die einzelnen Pflanzen ein feinmaschiges Kulturnetz stülpen, das die Schädlinge von Anfang an fernhält.
Erdflöhe sind eigentlich Käfer, deren Larven an Wurzeln fressen. Als erwachsene Käfer fressen sie Löcher in Blätter. Alten Pflanzen macht das nichts aus, aber junge Pflanzen können euch eingehen.	Wenn ihr öfter die Erde auflockert und für ein bisschen Radau sorgt, seid ihr sie los, denn Erdflöhe bevorzugen Ruhe. Regelmäßig wässern und den Boden feucht halten kann auch nicht schaden.

Krankheiten und Schädlinge – wie sie aussehen und welche Pflanzenteile sie befallen	Was ihr dagegen tun könnt
Kartoffelkäfer sind eigentlich ganz hübsche Tierchen, so ganz in Gelb mit ihren zehn dunklen Längsstreifen. Die ausgewachsenen Tiere und die Raupen knabbern gerne mal an Nachtschattengewächsen wie Kartoffeln und Tomaten. Seht ihr skelettierte Blätter und Lochfraß, könnt ihr euch sicher sein: Sie sind da.	Frühzeitig erkannt könnt ihr Raupen und Käfer absammeln. Auch ein Überstäuben mit Gesteinsmehl wehrt die Tiere ab. Als Nützlinge können Florfliegenlarven, Raubfliegen oder Nematoden eingesetzt werden, die man mit dem Gießwasser ausbringt.
Ist es besonders heiß und trocken, dann sind die Gegebenheiten für Spinnmilben optimal. Unter diesen Bedingungen vermehren sie sich rasant und bringen die Pflanze zum Absterben. Sie bilden ein feines Gespinst an den Blattunterseiten.	Mit Schmierseife und gründlichem Abspülen werdet ihr sie frühzeitig los. Ihr könnt aber auch nach dem Gießen eine Plastikhaube über die Pflanze stülpen, das erhöht die Luftfeuchtigkeit und die mögen Spinnmilben gar nicht.
Von den Mehltaupilzen gibt es gleich zwei Arten: den Echten und den Falschen Mehltau. Entdeckt ihr einen abwaschbaren, weißfleckigen Belag auf den Blattoberseiten, dann könnte es sich um die Pilzsporen des Echten Mehltaus handeln. Die Blätter färben sich später und bilden einen braunen Film. Er kann sich auch an Blüten, Stielen oder jungen Trieben zeigen. Häufig befallen sind Gurken oder Kräuter wie Minze und Salbei. Vor allem dann, wenn es warm und trocken ist, tritt der Echte Mehltau auf.	Betroffene Stellen schneidet ihr am besten gleich ab und besprüht die Pflanze mit einem Gemisch aus Natron und Wasser. Dabei reicht ein Teelöffel loses Natronpulver, der in 1 l Wasser aufgelöst wird oder ein Päckchen Natron auf 2 l Wasser.
Falscher Mehltau entsteht bei hoher Luftfeuchtigkeit, die Symptome zeigen sich sowohl an der Blattober- als auch an der Blattunterseite. Es bilden sich ein violetter Schimmer und gelbliche Flecken. Ihn findet ihr häufig auf Kohl, Radieschen oder Erbsen.	Ein bewährtes Hausmittel ist Knoblauch. Eine zerdrückte Zehe pro 1 l kochendem Wasser reicht aus. Lasst die Brühe abkühlen, bevor ihr sie in eine fein zerstäubende Wasserspritze füllt und die Blätter damit besprüht. Auch Brennnesseljauche ist effektiv gegen Mehltau. Wendet die Jauche lieber an bedeckten und nicht an sonnigen Tagen an. Die Anleitung zum Selbermachen findet ihr auf Seite 25.

NACHHALTIG AUSGESTATTET

Zum Gärtnern auf dem Balkon oder der Fensterbank braucht es keine teure oder gar aufwendige Ausrüstung. Upcycling heißt die Devise.

Viele nützliche Dinge für das Gärtnern auf kleinem Raum befinden sich schon in eurem Haushalt, können mit Vorhandenem im Handumdrehen selbst hergestellt werden oder lassen sich günstig secondhand finden. Improvisation ist alles. Freunde und Nachbarn helfen euch sicher auch aus.
Aus Erfahrung kann ich sagen, dass ein Einkauf im Gartencenter unnötig schnell euren Geldbeutel leert. Ein großer Löffel ersetzt eine kleine Schaufel, Papprollen ersetzen teure Anzuchttöpfe und ein scharfes Messer die kostspielige Gartenschere. Handschuhe? Für mich überflüssig. Genauso wie fertige Rankgitter oder Tomatenstäbe, die ich durch Schnüre oder Eigenkonstruktionen ersetze.

Grundausstattung

Töpfe und flache Schalen, Anzuchterde, Saatgut, Schere, scharfes Messer, Sprühflasche, Gießkanne, große Gläser

Wie man sich bettet, so liegt man – passende Gefäße

Da jede Gemüsesorte individuelle Ansprüche hat und die meisten Pflanzen mitunter viel größer werden, als auf Samenpackungen und bei Pflanzenbeschreibungen angegeben, lässt sich die Frage nach den Pflanzgefäßen nicht pauschal für alle gleich beantworten. Die Größe der Gefäße kann jedoch einen Einfluss auf die Endgröße der ausgewachsenen Pflanze und die Ernte haben. Der Topf für euer Gemüse sollte also besser zu groß als zu klein sein, damit die Pflanzen gut wachsen. Wer den Platz für

größere Gefäße hat, wird mit dankbaren Pflanzen und einer höheren Ernte belohnt.
Es gibt zwar auch die Unterscheidung in Flachwurzler und Tiefwurzler, das spielt für den Anbau in Töpfen jedoch meistens keine Rolle, da die Pflanzen ihr Wurzelwachstum an die räumliche Beschränkung und den Kulturstandort anpassen. Wurzelgemüse wie Karotten benötigen aber logischerweise höhere Gefäße als Radieschen und können selbstverständlich nicht in einer flachen Schale wachsen.
Für alle Gefäße wichtig ist, dass sie über ein Loch am Boden verfügen. Dies wird mit einer Tonscherbe abgedeckt und überschüssiges Wasser kann abfließen. Die Tonscherbe sorgt dafür, dass das Loch nicht sofort verstopft, wenn der Topf mit Erde gefüllt wird. Sie wird also direkt vor dem Einfüllen der Erde über dem Abzugsloch platziert. Alternativ könnt ihr Blähton verwenden, um eine ausreichende Drainageschicht zu schaffen.
Für die Anzucht und das Vorziehen reichen zunächst flache Schalen, kleine Presstöpfe oder selbst gemachte Anzuchttöpfe. Eine Anleitung zum Upcycling findet ihr z. B. auf Seite 42/43.
Mit großen Gläsern, die ihr über junge Pflanzen stülpt, könnt ihr ein Gewächshaus imitieren. Achtet nur darauf, das Glas einmal pro Tag zum Lüften anzuheben, um Schimmelbildung zu vermeiden. Am besten wischt ihr während der Lüftungszeit das Glas mit einem sauberen Tuch aus.

Mindestmaße für Topfgrößen

Gemüse	Topfgröße
Bohnen, Erbsen	Tiefes Gefäß mit mind. 5–10 l, Ø 20–30 cm
Gurken	Mind. 15 l, optimal 30 l, Ø 30–40 cm
Tomaten	Wurzeln tief, mind. 20 l, Ø 30 cm
Aubergine	Mind. 10 l, Ø 20–30 cm
Paprika	15–20 l, Ø 30 cm
Peperoni, Chili	10 l, Ø 20 cm
Karotten, Pastinaken	Tiefes Gefäß, mind. 20 l, Ø 40 cm
Kohlrabi, Radieschen, Erdbeeren, Salat, Rote Bete, Pariser Möhren	Wurzeln nicht tief und fühlen sich im Standard-Blumenkasten wohl

DIE ANZUCHT

Das eigene Gemüse, die eigenen Kräuter von Anfang an zu kultivieren, sie zu hegen und zu pflegen, das ist einfach großartig. So ein Pflanzen-Kindergarten will betreut sein, aber es lohnt sich.

WIR ERNTEN, WAS WIR SÄEN

Wenn aus einem winzigen Saatkorn langsam eine kleine Pflanze heranwächst freue ich mich jedes Mal aufs Neue.

Wenn es im Februar/März draußen noch fröstelt, könnt ihr auf der Fensterbank schon mit dem Vorziehen von Gemüse und Kräutern beginnen. Dazu braucht es gar nicht viel. Basis jeder Anzucht ist das Substrat und das Saatgut. Hier habt ihr eine große Auswahl an verschiedenen Gemüsearten und deren Sorten. Auf den Seiten 20 und 26 habe ich euch bereits beschrieben, worauf ihr achten solltet.

Für die Aufzucht in der Wohnung oder dem Balkon eignen sich kleiner wachsende und früh reifende Sorten besonders gut. Sie nehmen weniger Platz weg und schmecken meist sehr aromatisch.

Von Licht und Dunkelheit

Ob Licht oder Schatten, ist nicht nur für Pflanzen selbst eine wichtige Frage. Bei der Aussaat der Samen wird zwischen Licht- und Dunkelkeimern unterschieden.

Lichtkeimer benötigen etwas Sonnenlicht zum Keimen. Sie werden nur leicht in das Substrat gedrückt und feucht gehalten. Einige Arten werden nur so ganz leicht mit etwas Erde bedeckt. Typische Lichtkeimer sind Kerbel, Basilikum, Thymian und Tomaten.

Dunkelkeimer brauchen dagegen Dunkelheit. Karotten, Petersilie, Schnittlauch, Feldsalat, Gurken, Koriander und Bohnen zählen dazu. Nach der Aussaat werden sie mit einer Erdschicht bedeckt, die ungefähr dreimal so dick ist wie der Samen selbst, und leicht angedrückt. Sie benötigen zum Keimen etwas länger als Lichtkeimer.

Aller guten Dinge sind drei

Damit die Aussaat erfolgreich gelingt und ihr eine hohe Keimquote erzielt, sind neben dem Saatgut drei Dinge besonders wichtig: das Substrat, der Standort und der richtige

Langlebig und stabil. Eine Anzuchtplatte mit integrierten Anzuchttöpfchen Metall kann jede Saison wiederverwendet werden. Mir erleichtert sie die Aussaat und Anzucht ungemein.

Zeitpunkt. Es ist wichtig, dass ihr euch die Informationen auf den Saattütchen gut durchlest. Fangt ihr beispielsweise zu früh mit der Aussaat an, weil ihr es kaum abwarten könnt, sind eure Pflanzen groß, bevor die Temperaturen einen Umzug ins Freie zulassen. Einen Überblick könnt ihr euch auch mit einem übersichtlichen Aussaatkalender verschaffen.

Standort

An einem hellen und warmen Ort, stets versorgt mit ausreichend Feuchtigkeit, erblicken nach kurzer Zeit die ersten Pflänzchen das Licht der Welt. Ein Fensterbrett mit Südost-Ausrichtung ist optimal. Licht ist wichtig, damit die zarten grünen Triebe nicht »vergeilen«. Dunkle Lichtverhältnisse führen nämlich dazu, dass die Triebe lang und dünn werden, aber keine kräftige Pflanze heranwächst. Unter dem Fensterbrett sollte keine Heizung in Betrieb sein.

Ist der Anzuchtraum nicht so hell wie gewünscht, dann gleicht das über eine niedrigere Temperatur aus. Dadurch entschleunigt sich das Wachstum, die Pflanzen vergeilen nicht.

Keine Regel ohne Ausnahme

Wie so oft im Leben gibt es natürlich auch Ausnahmen. Salbei ist so ein Sonderfall, denn seinen Samen ist es egal, ob Licht einfällt oder Dunkelheit vorherrscht. Ausschlaggebend für erfolgreiches Keimen sind genügend Wärme und Feuchtigkeit.

GEFÄSSE UND ERDE FÜR DIE ANZUCHT

Für die Anzucht gibt es allerlei von kostenlos bis kostspielig – schaut zuerst, was euer Haushalt so hergibt.

Wenn es um Lebensmittel geht, verzichte ich, so gut es geht, auf Plastik. Beim Gärtnern halte ich das genauso. Daher finden sich hier nur einige wenige Töpfe und Schalen aus Plastik. In meinem mittlerweile vierten Gartenjahr bin ich auf wiederverwendbare Produkte aus Zink und eine Erdpresse umgestiegen.

Für die Anzucht könnt ihr aber alles Mögliche, von Eierkartons bis Glasschalen nutzen, was ihr in eurem Haushalt findet. Extrageld auszugeben braucht ihr nicht. Eine Auflaufform tut's auch. Vor allem wenn es eure erste Indoor-Gartensaison ist. Steckt das Geld lieber in hochwertiges Saatgut und in hochwertige Jungpflanzen.

Worauf ihr bei der Auswahl der Gefäße achten müsst, ist die Saattiefe, denn die variiert etwas zwischen den Arten. Saatkörner die 5 cm tief gesetzt werden, sind in einem Eierkarton natürlich fehl am Platz.

Kauf dir was: ein Anzuchtset

Ihr könnt euch auch ein Anzuchtset mit Minigewächshaus kaufen. Das lohnt sich, wenn es viele Jahre zum Einsatz kommt. So ein Set besteht meist aus einer flachen Schale mit transparentem Deckel und passenden Quelltabletten. Platziert die Tabletten in den vorgesehenen Mulden und gebt ausreichend Wasser dazu. Haben sie sich vollgesogen, könnt ihr das Saatgut einlegen und den Deckel schließen. Fertig ist das Minigewächshaus. Täglich lüften nicht vergessen.

Gut gepresst ist viel gespart

Mit meiner Erdtopfpresse spare ich mir das Basteln von Papiertöpfchen und anderen Töpfen. In die Presse wird einfach feuchte Anzuchterde gedrückt und mit einem

An die Wurzeln meiner Pflanzen lasse ich nur nachhaltige Erde. Sie ist frei von Torf und umweltschädlichen Stoffen. Salat fühlt sich in nährstoffarmer Aussaaterde übrigens sehr wohl.

Handgriff entstehen fertig gepresste Erdtöpfe. Durch kleine Stempel sind auch gleich kleine Mulden für die Samen eingedrückt. Die Anschaffungskosten sind mit ca. 30 Euro zwar etwas hoch, aber wenn ihr jedes Jahr selbst euer Gemüse zieht, dann lohnt sich diese Investition.

Die Grundlage: das Substrat, in dem die Pflanzen wachsen

Zwar benötigen Pflanzen ausreichend Nährstoffe für das Wachstum, für die Anzucht wird zunächst jedoch nährstoffarme Erde gebraucht. Sind wenige Nährstoffe in der Erde verteilt, begünstigt dies das Wurzelwachstum. Die Wurzeln suchen dann nämlich aktiv danach und wachsen den Nährstoffen entgegen. Die Pflanzen sprießen nicht zu schnell in die Höhe, sondern bilden zunächst kräftige Wurzeln. Und ein starkes Wurzelsystem ist später für die Nährstoff- und Wasserversorgung und die Stabilität der fruchttragenden Pflanze besonders wichtig.

Als Substrat für die Anzuchterde eignen sich Kokoserde oder ausgewiesene Anzucht-

Gewächshaus-Ersatz

Ohne viel Aufwand ist ein Gewächshaus-Ersatz konstruiert. Dazu einfach Gläser, die auf die Anzuchtgefäße passen, umgestülpt auf die Erde setzen, sodass Samen bzw. Keimlinge geschützt sind. Die Luftfeuchtigkeit erhöht sich unter dem Glas, das beschleunigt die Keimung. Ich verwende dafür weißes, sauberes Altglas.

erde. Was es bei der Kokoserde an Angeboten und Verwendungsmöglichkeiten gibt, das habe ich euch hier nebenstehend näher beschrieben. Die Handhabung ist einfach und meist sind schon kleine Saatmulden vorhanden, die das Aussäen vereinfachen.
Anzuchterde kann fertig gekauft werden. Sie enthält Humus und Sand, was sie gegenüber herkömmlicher Blumenerde durchlässiger und lockerer macht. Zudem ist sie weitestgehend keimfrei und verringert das Risiko für Krankheiten durch Schädlinge oder Pilzsporen. Greift bitte auch hier zu torffreier Erde.

Von Kokosfasern bis Tontopf – ihr entscheidet

Es gibt verschiedene Materialien, die sich für die Anzucht in Töpfen eignen. Jede Art von Gefäß hat Vor- und Nachteile und am Ende entscheidet auch eure persönliche Präferenz und der gegebene Platz, welche Gefäße es sein sollen.

› Kokosfasern sind ein Nebenprodukt der Kokosnussernte und ein torffreies Naturprodukt. Sie verrotten in der Erde vollständig. Anzuchttöpfe aus Kokosfasern eignen sich gut für die Anzucht. Es gibt sie recht günstig und in verschiedenen Größen in Gärtnereien, Baumärkten und Gartencentern zu kaufen. Ihr füllt sie mit Substrat und Saatgut und könnt zum späteren Zeitpunkt die Jungpflanze eintopfen.

› Mit Kokosquelltabletten spart ihr gleich ganz den Topf. Sie sind Gefäß und Substrat in einem und werden einfach in eine Schale gesetzt und mit Wasser übergossen. Innerhalb weniger Minuten wachsen sie zu fertigen Töpfen inklusive Substrat, in das die Samen gesteckt werden. Ihre Form verlieren sie nicht und ihr könnt sie später komplett in größere Töpfe einpflanzen, weil sie organisch sind und mit der Zeit einfach in der Erde verrotten. Der Nachteil: Kokosfasern werden aus Kokosnussschalen gewonnen, der Transportweg bis zu uns ist weit. Alternativ empfehle ich euch Anzuchtgefäße aus Sonnenblumenkernschalen, Maisstärke und Gesteinsmehl, aus Recyclingpappe oder Hanffasern und solche, die aus Hanffasern und Lignin gefertigt sind. Außerdem gibt es Gefäße, die vollständig aus Holzfasern bestehen, natürlich sollten diese biologisch abbaubar sein.

› Habt ihr Eierkartons, Milchtüten oder Johurtbecher zu Hause, könnt ihr sie zu Anzuchtgefäßen umfunktionieren. In Eierkartons hat jeder Samen seine eigene Mulde und halbierte, saubere Milchtüten bieten Samen, die tief eingepflanzt werden, eine optimale Umgebung. Leere Jogurtbecher funktionieren auch als Tontopfersatz. Bei allen dreien solltet ihr nur gut dosiert gießen. Eierkartons können nämlich schnell Schimmel bilden und ohne Abzugsloch in Milchtüte oder Jogurtbecher bildet sich Staunässe.

› Auch in kleinen Tontöpfen könnt ihr Pflänzchen großziehen. Sie geben überschüssige Feuchtigkeit an die Umgebung ab und vermeiden so Staunässe.

DIY-Anzuchterde

Wenn ihr eure Gemüsepflanzen und Kräuter selbst anzieht, dann sollte die Erde deutlich weniger Nährstoffe enthalten. Anzuchterde sollte darüber hinaus fein, locker und keimfrei sein. So werden junge Pflanzen dazu angeregt, kräftige Wurzeln zu bilden. Wenn ihr die Erde nicht fertig kaufen möchtet, dann könnt ihr sie auch ganz leicht selbst anmischen.

Ihr benötigt:
⅓ reife Komposterde
⅓ Sand
⅓ lockere Gartenerde
ein wenig Lavagranulat oder Perlite
1 große Schüssel
Backbleche

Mischt alle Materialien gründlich miteinander und siebt sie anschließend durch, um grobe Bestandteile zu entfernen. Zum Abtöten von Keimen, Schädlingen und unerwünschten Samen wird das Substrat auf Backbleche verteilt und bei 180 °C für 30 Minuten im Backofen erhitzt. Danach lasst ihr die Erde am besten 2–3 Tage ruhen, bevor ihr sie verwendet.

ANLEITUNG

ANZUCHTTÖPFE SELBER MACHEN – SO GEHT'S MIT PAPPROLLEN

Wenn die Anzuchtsaison ab Februar/März startet, heißt es vorher: Papprollen sammeln. Die verrotten nach dem Auspflanzen nämlich gut. Es braucht bloß noch eine Schere und schon kann es losgehen.

1. Papprolle falten Nehmt euch eine Papprolle und drückt sie platt. Je nachdem, wie lange Wurzeln sich aus den Samen entwickeln, halbiere ich die Toilettenpapierrollen oder lasse sie ganz. Tomaten und Bohnen benötigen nämlich etwas mehr Tiefe.

1

2

2. Teilen und noch einmal falten Als Nächstes schneidet ihr die Papprolle einmal in der Mitte quer durch, sodass zwei Hälften entstehen. Jede Hälfte wird nun um ein Viertel gedreht und dann noch einmal gefaltet. So entstehen vier Faltlinien, die die Rolle in vier gleiche Teile unterteilen.

3. Papprolle einschneiden Jetzt schneidet ihr mit einer scharfen und sauberen Schere die vier Knicke an einer Seite jeweils ungefähr 1,5 cm tief ein, um im nächsten Schritt den Boden zu formen.

4. Laschen einknicken Nun kommt der etwas kniffelige Teil: Faltet die Laschen einmal nach innen. Am besten streicht ihr mit dem Daumen die Knicke noch mal nach. Das ist die beste Vorbereitung für den letzten Schritt.

5. Boden bilden Die Laschen müssen nun so ineinandergelegt gelegt werden, wie man das bei Umzugskartons macht. Habt ihr das geschafft, ist das Pflanztöpfchen fertig. Falls ihr ein Tablett oder einen anderen Untersatz zur Hand habt, könnt ihr die Rollen, auch ohne sie zu falten, daraufstellen und direkt mit Erde befüllen.

ANLEITUNG

ANZUCHTTÖPFE SELBER MACHEN – SO GEHT'S MIT ZEITUNGSPAPIER

Mit Zeitungspapier könnt ihr auch Anzuchttöpfe herstellen. Es werden noch Schere und eine Papiertopfpresse gebraucht, es funktioniert aber genauso gut mit einer Papprolle.

1. Streifen schneiden Nehmt das Zeitungspapier und schneidet euch daraus ca. 15 cm breite und ca. 30 cm lange Streifen. Akkurat wird das Ganze, wenn ihr vorher das Papier ausmesst und die Streifen mit einem Stift markiert.

2. Umwickeln Für dieses DIY verwende ich eine Papiertopfpresse; muss nicht sein, macht die Sache aber einfacher. Eine Papprolle oder eine runde Gewürzverpackung tut es auch. Die Papiertopfpresse oder die Papprolle wird jetzt gleichmäßig mit dem Papier umwickelt. Legt das Papier gleich so an, dass am Ende ein Überstand von ca. 3 cm entsteht.

3. Überstand umlegen Der Überstand wird um das Ende der Papiertopfpresse oder der Papprolle herum umgeschlagen. Das Papier sollte dabei gut überlappen. Stellt jetzt das Ganze auf einen festen Untergrund. Bei meiner Papiertopfpresse ist ein Boden mit Rand dabei, der stabilisiert den Topf zusätzlich.

4. Boden festigen Die Papiertopfpresse oder Papprolle muss nun gut nach unten gedrückt werden. Das ist wichtig, damit das umgeschlagene Papier fest zusammengepresst wird und dadurch ein stabiler Boden entsteht. Wenn später Erde eingefüllt wird, soll sich der Topf ja nicht auflösen.

5. Fertigstellen Nun gibt es nicht mehr viel zu tun: Papiertopfpresse oder Papprolle rausziehen und fertig ist euer Töpfchen.

AUSSÄEN UND PIKIEREN: SO GEHT'S

Zum Wachsen braucht es nicht viel, vor allem aber ein bisschen Geduld, bis die ersten Keimlinge sich zeigen.

Die Anzucht ist kein Hexenwerk. Mit ein bisschen Geduld bekommt ihr das schon hin. Seit ihr im richtigen Monat und habt eure Utensilien zur Hand, kann es losgehen. Vorab solltet ihr aber wissen: Nicht alle Pflanzen müssen vorgezogen und später pikiert, also vereinzelt und umgesetzt werden. Radieschen, Spinat und Karotten kommen direkt in den vorgesehenen Topf, Kasten oder Kübel. Habt ihr vor, Gemüse und Kräuter auf eurem Balkon anzubauen, braucht ihr nur zu warten, bis es etwas wärmer wird und die Nächte frostfrei bleiben. Habt ihr noch Erde vom Vorjahr im Topf, könnt ihr sie wiederverwenden, zuvor aber gut auflockern. Das Saatgut wird in Rillen, die ihr mit den Fingern ziehen könnt, gegeben, leicht angedrückt und befeuchtet. Achtet hierbei schon genau auf die Pflanzabstände – besser etwas größer als zu gering.

Vorziehen auf dem Fensterbrett

Für die Aussaat sollte die Erde immer schon angefeuchtet sein. Die Angaben, wie tief und mit welchem Abstand gesät wird, findet ihr auf den Samentütchen. Ihr könnt zur Sicherheit 2–3 Samen gleichzeitig säen. So ist die Chance höher, dass pro Gefäß zumindest ein Pflänzchen wächst. Gegossen wird nur vorsichtig, am besten mit einer Sprühflasche oder Ballbrause, damit ihr nicht Gefahr lauft, die Samen aus der Erde zu spülen.

Pikieren? Was ist das denn?

Beim Pikieren werden zu dicht gesäte Pflanzen aus ihrem Anzuchtgefäß genommen und mit mehr Abstand zueinander in größere Gefäße umgesetzt. Für die Entwicklung ist das ganz wichtig, denn mit mehr Platz können sich ein gutes Wurzelwerk und kräftige junge Pflänzchen entwickeln.

Das Pikieren ist nicht zu verwechseln mit dem Vereinzeln. Bei Letzterem geht es darum, bereits einzeln gezogene Pflänzchen aus der Anzuchtschale zu nehmen und in einen eigenen Topf umzupflanzen.

Wann der richtige Zeitpunkt gekommen ist, um die jungen Pflanzen zu trennen, hängt ganz von der Sorte ab. Ich fange meist damit an, wenn die ersten Keim- oder Laubblätter ausgebildet und die zarten Stängel ausreichend stabil sind. Fingerspitzengefühl ist jetzt gefragt, um die zarten Sprösslinge nicht zu beschädigen. Ein Pikierstab ist hier ein nützliches Hilfsmittel. Alternativ könnt ihr auch einen Holzspieß, Bleistift oder Löffelstiel zu Hilfe nehmen.

Fasst den Keimling sanft bei den Blättern und stochert die Erde an den Wurzeln vorsichtig an. Versucht die Wurzeln nicht zu beschädigen und hebelt den Keimling nun vorsichtig komplett aus der Schale. Wenn ihr die Erde vorher leicht angefeuchtet habt, geht es einfacher. Habt ihr die Pflänzchen erfolgreich getrennt, kommen sie mit mehr Abstand zueinander in größere, mit Anzuchterde gefüllte Töpfe. Bohrt dazu ein Loch, z. B. einfach mit dem Finger, in das Substrat. Sehr lange Wurzeln könnt ihr abkneifen, das regt die Wurzeln zu kräftigem Wachstum an. Achtet darauf, die Wurzeln möglichst senkrecht in den neuen Topf zu setzen, und drückt den Setzling gut an.

Tomaten und auch Paprika mögen es, wenn ihr sie tief pflanzt und bloß noch ein bisschen vom Stängel und die Blätter aus der Erde gucken. Am Stiel unter der Erde können sich so zusätzliche Wurzeln bilden. Salat mag es nicht, tiefer eingepflanzt zu werden.

Mit einem Pikierholz fällt das Pikieren leicht und ihr lauft nicht Gefahr, die zarten Wurzeln zu verletzen. Zur Not könnt ihr auch einen Kochlöffel nehmen.

Finger weg

Nicht alle Pflanzen wollen pikiert werden. Zucchini, Gurke, Kürbis, Radieschen und auch Karotten gefällt das gar nicht. Achtet hier schon von Anfang an darauf, mit genügend Platz zu starten. Die großen Samen können ohnehin gleich in einen kleinen Topf ausgesät und später dann in einen ausreichend großen Kübel gesetzt werden.

SPECIAL

Problembehebung

Zu viel des Guten

Es ist eure erste Saison und ihr habt einfach alles vorgezogen, was ihr kultivieren wollt? Lest lieber noch einmal die Informationen auf den Saattütchen. Denn nicht jedes Gemüse eignet sich für die Vorkultur im Topf. Vor allem Wurzelgemüse wollen per Direktsaat ins Beet.

Zu früh mit der Anzucht begonnen

Manchmal fehlt die Geduld und die ersten Sonnenstrahlen verleiten einfach dazu, mit der Anzucht zu starten. Jeder Gärtner*in ist das wohl schon mal passiert. Bei zu früher Aussaat entwickeln sich die Pflanzen aber einfach schlechter oder sie sind viel zu früh bereit, nach draußen zu ziehen. Ihr habt also entweder vergeilte lange Pflänzchen oder bereits zu früh einen Dschungel in der Wohnung. Habt auch die regionalen Bedingungen im Blick, denn in manchen Regionen dauert es länger, bis der Frühling Einzug hält. Dann gilt es, mit dem Aussaatbeginn noch etwas zu warten. Das ist auch wichtig, denn die Lichtverhältnisse für die Anzucht müssen erst optimal sein.

Wer mag's dunkel und wer hell?

Achtet bei der Aussaat genau darauf, ob es sich um Licht- oder Dunkelkeimer handelt. Sonst könnt ihr unter Umständen lange warten.

Keine kalten Füße, bitte

Damit die kleinen Samen keimen, braucht es für wärmeliebende Gemüse immer eins: Wärme. Die Keimtemperatur für die meisten Gemüsesamen liegt bei 20 °C. Paprika, Auberginen und Gurken mögen es mit 25 °C noch etwas wärmer.

Mäßigt euch

Wärme ist gut, zu warm darf es aber auch nicht sein. Ist die Temperatur zu hoch, neigen die jungen Pflanzen zum Vergeilen. Nach dem Keimen können die Sämlinge daher am besten an einen hellen und kühleren Ort mit 16–17 °C gestellt werden.

Oje, Schimmel

Wusstet ihr, dass die meisten Zimmerpflanzen nicht vertrocknen, sondern ertrinken? Zu viel Feuchtigkeit führt außerdem zu Schimmel. Vor allem Gefäße aus Pappe und Karton neigen zur Schimmelbildung. Auch in euren kleinen Gewächshäusern können sich bei zu hoher Luftfeuchtigkeit kleine Schimmelbiotope bilden. Täglich lüften und nicht übermäßig gießen ist also angesagt.

Gießkampagne

Zu trockenes Substrat ist ebenso schlecht wie zu viel Feuchtigkeit. Ohne Wasser geht nix. Gießen will aber gelernt sein, denn die einen brauchen etwas mehr als die anderen. Trotzdem mein Rat: Lieber etwas weniger als zu viel gießen.

Ganz schön dunkel hier

Bei der Anzucht in der Wohnung kann Lichtmangel ein Problem sein, wenn die Ausrichtung der Fenster nicht so optimal ist. Auch dann schießen die jungen Pflanzen in die Höhe und bilden sich nicht richtig aus. Eine Pflanzenlampe ist euch hier eine gute Hilfe.

Muss das sein?

Ihr kennt Trauermücken eventuell schon von euren Zimmerpflanzen und wisst, wie lästig sie sind. Dabei habt ihr die kleinen Tierchen meistens nicht selbst verschuldet. Die Larven stecken häufig schon in der Erde und werden beim Einkauf eingeschleppt. Für erwachsene Pflanzen sind sie unschädlich doch zarte Keimlinge können leiden. Am besten sterilisiert ihr eure Anzuchterde, indem ihr sie auf Backbleche verteilt und 30 Minuten zwischen 100 und 180 °C erhitzt.

Achtet auf eure Pflanzenkinder

Auch der Mai kann noch frostige Nächte bereithalten. Vor Mitte Mai solltet ihr daher nichts vor die Türe setzen, was Frost nicht vertragen kann. Orientiert euch an den Eisheiligen.

ERFOLGREICH GÄRTNERN AUF KLEINSTEM RAUM

Große Gemüseernte auf kleinem Raum? Das ist kein Traum! Ihr könnt eure Wohnung und auch den kleinsten Balkon in einen Minigarten für euer Lieblingsgemüse verwandeln.

HOW-TO FÜR GEMÜSE

Mit ein bisschen Grundwissen in der Gartenschürze könnt ihr gleich mit dem Gärtern im Haus und auf dem Balkon beginnen.

Für eine erfolgreiche Ernte braucht ihr keinen Garten oder eigenen Acker. Macht euren Balkon einfach zum Minigarten. Ihr habt keinen Balkon? Dann macht eure Fensterbank zu einem. Ein bunter Gemüsemix ist auf jeden Fall möglich. Zu eurer Verfügung steht eine große Auswahl an Sorten und auch speziellen niedrig wachsenden Züchtungen. Jungpflanzen solcher Sorten finden sich in Gartencentern und Baumärkten eher selten. Bei einer Anzucht aus Samen könnt ihr dagegen kräftig aus dem Saatgutangebot schöpfen.

Es werde Licht

Die größte Herausforderung beim Gärtnern auf der Fensterbrett und dem Balkon sind die Lichtverhältnisse. Und die sind fix. Sind alle Fenster nach Norden ausgerichtet, wird es ein bisschen tricky. Umziehen müsst ihr deshalb aber noch lange nicht. Eine Pflanzenlampe kann Licht ins Dunkel bringen. Ihr entscheidet selbst, ob euch ein Indoor-Garten die Energie wert ist.
Südlich ausgerichtete Fenster und Balkone bieten die besten Voraussetzungen für eine erfolgreiche Ernte. Da die Sonne aber nicht senkrecht von oben scheint, sollten vor allem Balkone nicht grad mit einem blickdichten Sichtschutz versehen sein. Dicke Vorhänge am Fenster sind ebenso ungünstig für die Lichteinstrahlung.

Auf die Größe kommt es an

Große Pflanzen wie Tomaten, Gurken und Bohnen benötigen Gefäße von mindestens 40 cm Durchmesser und ein Fassungsvermögen zwischen 10 und 40 l. Für Tomaten reichen allerdings schon 10 l Fassungsvermögen, denn ein etwas kleinerer Topf verhindert möglicherweise, dass durch zu viel Gießen viel Feuchtigkeit in der Erde ist und dadurch Staunässe entsteht. Gurken brau-

Für euren Minigarten benötigt ihr nicht viel. Im Haushalt finden sich bestimmt einige nützliche Helfer. Jutegarn ist praktisch und wird im Nu zur Aufhängung für Tomaten oder Gurken.

chen aber doppelt so viel Platz, Chilis genügt ein kleiner Topf. Radieschen, Salate und Kohlrabi sind mit herkömmlichen Balkonkästen zufrieden.

Ein Kübel mit Erde, Pflanze und Wasser kann einiges auf die Waage bringen. Achtet auf dem Balkon deshalb unbedingt auf dessen maximale Traglast! Better be safe than sorry!

Platz da

Ist die Fläche bei euch sehr klein, dann müssen clevere Lösungen her. Ihr könnt euch mit Regalen, Blumenampeln und Aufhängungen mehr Raum verschaffen. Pflanzentreppen und angeschrägte Regale nutzen die dritte Dimension aus. Ihr könnt die Pflanzen übereinanderstellen, sie stehen sich nicht im Weg und bekommen alle gleich viel Licht ab.

Blumenampeln sind perfekt geeignet für hängende Sorten. Die gibt es z. B. bei den Erdbeeren und auch bei Kräutern. Sie sparen Platz am Boden und sehen chic aus. Balkonkästen sind ebenfalls praktisch und sorgen für zusätzliche Fläche.

In einen Topf werfen

Ihr könnt euch auch die unterschiedlichen Wuchsarten der Pflanzen zunutze machen, um Platz zu sparen. Hoch wachsende Tomaten können mit Basilikum unterpflanzt werden. Sie sind sich nämlich richtig grün, also echt gute Nachbarn und passen auch auf dem Teller perfekt zueinander. Gurken wollen hoch hinaus und bieten unter sich Roter Bete, Koriander, Dill und Lauch ausreichend Platz. Chili und Bohnen vertragen sich gut mit Salaten.

SPECIAL

Wer passt zu wem?

Gemüse	Nährstoffbedarf	Gute Nachbarn	Schlechte Nachbarn
Aubergine	Starkzehrer	Radieschen, Salat	Paprika, Tomaten, Kartoffeln
Basilikum	Schwachzehrer	Zucchini, Tomaten	Kartoffel, Kohlrabi, Radieschen, Salat
Bohnen	Schwachzehrer	Erdbeeren, Gurke, Kohlrabi, Tomaten	Erbsen, Zwiebeln, Paprika, Schnitt-lauch
Chili	Starkzehrer	Basilikum, Salat	Paprika, Tomaten, Kartoffeln
Dill	Schwachzehrer	Gurken, Kohl, Rote Bete, Kartoffeln, Tomaten, Karotten	–
Erbsen	Schwachzehrer	Gurken, Kohlrabi, Kopfsalat, Radies-chen, Karotten, Dill, Zucchini	Bohnen, Kartoffeln, Lauch, Tomaten
Erdbeeren	Schwachzehrer	Lavendel, Kopfsalat, Lauch, Radieschen, Schnittlauch, Spinat	Kohlarten
Feldsalat	Schwachzehrer	Erdbeeren, Radies-chen, Kohl	–
Gurke	Starkzehrer	Bohnen, Basilikum, Dill, Fenchel, Kohl, Lauch, Rote Bete, Salat	Kartoffeln, Radies-chen, Tomaten
Kapuziner-kresse	Schwachzehrer	Brokkoli, Paprika, Tomaten, Zucchini, Bohnen, Kartoffeln	–
Karotten	Mittelzehrer	Lauch, Dill, Erbsen, Radieschen, Salat, Spinat, Tomaten	Minze, Rote Bete

Gemüse	Nährstoffbedarf	Gute Nachbarn	Schlechte Nachbarn
Kohlrabi	Mittelzehrer	Bohnen, Erbsen, Gurken, Dill, Erdbeeren, Radieschen, Rote Bete, Salat, Spinat, Salbei, Minze, Thymian	Kohlarten
Koriander	Schwachzehrer	Kohl, Gurken, Erdbeeren, Bohnen	–
Minze	Schwachzehrer	Kohl, Tomaten	–
Paprika	Starkzehrer	Kohl, Karotten	Rote Bete, Erbsen
Petersilie	Schwachzehrer	Gurken, Radieschen, Tomaten, Lauch	Salat
Radieschen	Schwachzehrer	Bohnen, Salat, Petersilie, Tomaten, Spinat, Karotten	Gurken, Kohl, Rosmarin, Zwiebeln
Rosmarin	Schwachzehrer	Kohl, Bohnen, Karotten, Tomaten, Gurke	Radieschen
Salat	Schwachzehrer	Bohnen, Kohl, Radieschen, Rote Bete, Dill, Erdbeeren, Erbsen	Kresse, Petersilie
Salbei	Schwachzehrer	Kohl, Karotten, Tomaten	Basilikum, Gurken
Schnittlauch	Mittelzehrer	Karotten, Tomaten, Kohl	–
Thymian	Schwachzehrer	Kohl, Salat, Erdbeeren	Basilikum, Lauch, Rote Bete
Tomaten	Starkzehrer	Basilikum, Kohl, Karotten, Petersilie, Lauch, Radieschen, Spinat	Erbsen, Fenchel, Kartoffeln

TIPPS FÜR TOMATEN

Aus meiner Küche sind Tomaten gar nicht wegzudenken. Wenn es euch genauso geht, dann ran an die leckeren Früchte.

Im Indoor-Garten eignen sich vor allem kleine und kompakt wachsende Sorten wie Cherry- oder Naschtomaten. Die Früchte sind zwar kleiner, aber die Pflanzen oft ertragreicher und die meisten benötigen nicht einmal einen Pflanzstab als Halt. Für höhere Sorten findet sich sicher auch ein passendes Plätzchen und am besten Spiralstäbe, z. B. aus Edelstahl, an denen die Tomaten angebunden werden und so Halt finden.

Vom Samen bis zur Frucht

Ich empfehle euch, mit der Aussaat der kälteempfindlichen Tomaten bis Mitte März zu warten, frühester Zeitpunkt ist Ende Februar, je nach Lichtsituation im Haus. Wenn es sich um früh reifende Sorten handelt, kann auch bis Anfang April gewartet werden. Es darf nicht zu kalt am Fenster sein und Zugluft solltet ihr auch vermeiden. Alles zur Anzucht findet ihr ab Seite 36. Habt ihr Anzuchtschalen oder Töpfe mit Erde befüllt, kommen die Samen 1 cm tief in die Erde. Haltet das Substrat stets leicht feucht, aber nie zu nass. Bei optimaler Keimtemperatur von 18–26 °C sollten sich nach ca. 2 Wochen die ersten Sämlinge zeigen. Sind die ersten Blätter zu sehen und die Pflanzen 6–8 cm groß, wird pikiert und einzeln in Töpfe umgepflanzt. Setzt die Sämlinge bis zu den ersten Blättern in die Erde, anschließend kommen die Töpfe an einen hellen und warmen Standort.

Drinnen oder draußen – beides geht

Steht ein Balkon zur Verfügung, dann können die Tomaten auch draußen wachsen und gedeihen. Ist der April warm und sonnig, könnt ihr die Töpfe alle paar Tage rausstellen, um die Pflanzen abzuhärten. Verlängert die Zeit dabei jedes Mal ein biss-

chen. So gewöhnt ihr sie an die Sonnenstrahlen und kühlere Temperaturen und macht sie robuster. An besonders sonnigen Tagen brauchen die zarten Blätter noch einen Sonnenschutz und sollten nicht der prallen Sonne ausgesetzt sein. Fällt euch auf, dass die unteren Blätter sich gelb färben, aber ausreichend Licht vorhanden ist, könnt ihr bereits geringfügig düngen.
Ich warte jedes Jahr bis Mitte Mai die Eisheiligen ab und beobachte die Temperaturen, bevor meine Pflanzen dann vollends ins Freie ziehen. Die Nächte müssen unbedingt frostfrei sein.
Aber auch im Indoor-Garten können Tomaten gedeihen. Ob für drinnen oder draußen, die Gefäße, in denen eine Pflanze wächst, sollte mindestens 10 l Fassungsvermögen haben. Auch beim Einpflanzen in den endgültigen Topf könnt ihr die Tomaten wieder bis zu den ersten Blättern in die Erde setzen. Achtet darauf, mehrere Pflanzen nicht zu dicht beieinanderzustellen.
Tomaten lieben durchlässiges, humoses und nährstoffreiches Substrat. Als Starkzehrer sollten sie regelmäßig z. B. mit Brennnesseljauche gedüngt oder alternativ mit organischem Tomatendünger versorgt werden.

Bitte geizen

Manche Tomatenpflanze neigt dazu, fleißig Seitentriebe zu bilden, die du am besten mit den Fingern ausbrichst. Bei Fleisch- und Stabtomaten macht das Sinn, die Seitentriebe können die schweren Früchte nicht tragen und knicken oder reißen ab. Niedrige, buschige Sorten muss man nicht entgeizen.

Kompakt wachsende Pflanzen wie diese Cherry-Tomaten eignen sich perfekt für kleinen Raum auf dem Balkon und der Fensterbank.

Bienchen spielen

Auf der Fensterbank und dem Balkon tummeln sich weniger Bienen, die für die Bestäubung sorgen. Streicht daher mit einem Pinsel regelmäßig selbst über die einzelnen Blüten.

Würzige Basistomatensoße

- Vegan
- Zutaten für 4 Personen
- Zubereitungszeit: etwa 35 Minuten + 15–20 Minuten Garzeit

1 kg Tomaten
4 Schalotten
2 Knoblauchzehen
2 Handvoll frische Kräuter (Basilikum, Thymian, Oregano, Rosmarin)
8 El Olivenöl
1 El Agavendicksaft
1 El Zitronensaft
100 ml Wasser oder Gemüsebrühe
Salz und Pfeffer zum Abschmecken

1. Die Tomaten gründlich waschen, die Stielansätze entfernen und würfeln. Schalotten und Knoblauch schälen und fein hacken. Die Kräuter ebenfalls klein schneiden.

2. Schalotten und den Knoblauch im Olivenöl anschwitzen, mit Agavendicksaft glasieren. Die Kräuter dazugeben und alles 1 Minute mitgaren. Tomaten und Zitronensaft dazugeben und leicht anschmoren, anschließend Wasser oder Brühe hinzufügen und einrühren. Auf kleiner Hitze das Ganze 15–20 Minuten köcheln lassen. Mit einem Stab- oder Standmixer alles fein pürieren und mit Salz und Pfeffer würzen.

3. Die Menge reicht auch für einen kleinen Vorrat aus. Um die Soße länger haltbar zu machen, könnt ihr sie in steril ausgekochte, noch warme Gläser füllen, verschließen und einkochen. Achtet darauf, den Rand sauber zu halten.

Mediterrane Tomatensuppe

- Vegetarisch
- Zutaten für 4 Personen
- Zubereitungszeit etwa 30 Minuten + 20 Minuten Garzeit

1 kg frische Tomaten
2 Schalotten, 2 Knoblauchzehen
1 Handvoll Basilikum
2 Zweige Oregano
2 EL Olivenöl
1 TL Agavendicksaft
2 EL Tomatenmark
500 ml Gemüsebrühe
150 ml Sahne (geht auch vegan)
Salz und Pfeffer

1. Die Tomaten gründlich waschen (das Wasser könnt ihr zum Gießen auffangen) und die Stielansätze entfernen. Anschließend würfeln. Schalotten und Knoblauch schälen und fein schneiden. Die Kräuter ebenfalls klein schneiden.

2. In einem Topf das Öl erhitzen und die Schalotten und den Knoblauch anschwitzen. Die Kräuter und den Agavendicksaft dazugeben. Das Ganze noch einmal kurz anschwitzen und das Tomatenmark unterrühren.

3. Nun kommen die Tomaten und die Gemüsebrühe in den Topf. Die Suppe auf kleiner Hitze 20 Minuten köcheln. Zum Ende der Kochzeit die Sahne dazugeben und alles fein pürieren. Mit Salz und Pfeffer abschmecken. Ich serviere Tomatensuppe gerne mit gerösteten Pinienkernen und selbst gemachten Croutons aus altem Brot.

DIE GURKEN-BANDE

Ob Schlangengurke, Mini- oder Snackgurken – auf dem Balkon geht's für Gurken hoch hinaus. Und das Beste: Sie sind auch indoortauglich.

Gurken zählen zu den am weitesten verbreiteten Gemüsearten in Europa. Sie kommen als Snack, im Salat, in Eintöpfen oder würzig eingemacht auf den Tisch und erfreuen sich großer Beliebtheit. Ob im Haus oder auf dem Balkon, ihr müsst Platz für das grüne Gemüse einplanen. Es wird ein großer Kübel benötigt, die Pflanzen brauchen Wärme und die richtige Pflege. Der Kübel sollte ein Fassungsvermögen von 20–40 l haben. Am wohlsten fühlen sich die Pflanzen in humoser, lockerer Pflanzenerde. Frischer Kompost sorgt für gutes Wachstum.

Gut vorbereitet? Dann kann's losgehen

Ich habe das ja schon im Kapitel Anzucht (Seite 36) geschrieben, möchte euch aber nochmals ans Herz legen: Sucht euch Gurkensorten aus, die für den Balkon geeignet sind. Snackgurken bleiben etwas kleiner, Schlangengurken brauchen dafür mehr Platz und ein Rankgerüst oder Schnüre, an denen sie mit ihren Trieben nach oben ranken können.

Mit der Aussaat startet ihr im April, spätestens Anfang Mai. Spätentschlossene können aber auch im Juni noch Pflanzen zukaufen. Gurkensamen sind sehr zuverlässig in der Keimung und werden einzeln ca. 1 cm tief in Erde gedrückt, bedeckt und angegossen. Haltet den Samen immer feucht und stellt die Töpfe an einen warmen Ort. Nach einer Woche könnt ihr schon die ersten grünen Spitzen entdecken. Ab da benötigt die junge Pflanze vor allem viel Licht, aber weniger Wärme, damit sie nicht unkontrolliert in die Höhe rauscht. Nach ungefähr drei Wochen kann die Gurkenpflanze in einen größeren Topf mit Gemüseerde umziehen. Aber Vorsicht: Umpflanzen mögen Gurken

nicht so gerne. Am besten sät ihr in Papierrollen oder in Erdpresstöpfe aus, dann kann der gesamte Anzuchttopf in einen größeren Topf gesetzt werden, ohne dass die Wurzeln etwas davon mitbekommen.
Perfekter Untermieter und günstig für den Ertrag der Gurkenpflanze ist übrigens Dill. Ein paar Samen können einfach auf der Erde verteilt werden.

Kalt und windig soll es nicht sein

Möchtet ihr eure Gurken auf dem Balkon ziehen, dann dürfen sie erst Mitte Mai nach den Eisheiligen ins Freie. Die zarten Blätter junger Pflanzen sollten an Tagen mit praller Sonne geschützt werden, da sie sonst schnell einen Sonnenbrand bekommen und vertrocknen.
Für Gurken sind außerdem ein windgeschützter Standort und eine angeraute Rankhilfe wichtig. Gut eignet sich auch ein Spalier.

Regelmäßig die reifen Gurken zu ernten regt die Pflanze zu neuer Fruchtbildung an und beschert euch eine lang anhaltende, üppige Ernte.

Gut gepflegt ist halb geerntet

Bilden sich die ersten Früchte, könnt ihr die unteren zugunsten der oberen abschneiden. Auf diese Weise entwickeln sich schöne kräftige Gurken. In Töpfen kultiviert sind Gurken besonders durstig und müssen regelmäßig mit Wasser versorgt werden. Gedüngt wird alle drei Wochen mit organischem Gemüsedünger oder Brennnesseljauche. Unter guten Bedingungen sind bereits zehn Wochen nach der Aussaat die ersten Gurken reif. Ihr solltet sie dann immer gleich abschneiden, dann bildet die Pflanze regelmäßig neue Gurken aus.

Selbst gemacht

Als Rankgerüst stecke ich vier Bambusrohre in gleichmäßigem Abstand am Rand des Topfes in die Erde und biege sie etwas, sodass sie oben zusammengebunden werden können.

Gurkensalat

- Vegetarisch
- Zutaten für 4 bis 6 Personen
- Zubereitungszeit 10 Minuten

2 große Gurken
Salz, Pfeffer
1 Knoblauchzehe
1 Zwiebel
1 Bund Dill
20 ml Olivenöl
1 Becher Joghurt oder Sahne
20 ml Weißweinessig
Etwas Zitronensaft nach Belieben

1. Die Gurken gründlich waschen und entweder fein hobeln oder dünn mit einem Messer schneiden. Salzen und pfeffern und erst einmal beiseitestellen. Knoblauch und Zwiebel schälen und fein hacken, den Dill waschen, trocken schütteln und ebenfalls fein hacken. Knoblauch, Zwiebel und Dill unter die Gurken mischen.

2. Für das Dressing das Öl mit dem Joghurt oder der Sahne und dem Weißweinessig in einer kleinen Schüssel verrühren und mit Salz und Pfeffer abschmecken. Nach Belieben kann man auch ein paar Spritzer frische Zitrone dazugeben.

3. Zum Schluss das Dressing über die Gurken gießen und vorsichtig unter den Gurkensalat heben. Ihr könnt den Salat frisch zubereitet servieren oder im Kühlschrank noch 1–2 Stunden ziehen lassen.

Würzig eingelegte Gurken

- Vegan
- Für 5–6 Gläser à 600 ml
- Zubereitungszeit 40 Minuten + 5 Minuten Kochzeit für den Sud

6 große Salatgurken
3 Zwiebeln
3 Knoblauchzehen
1 Bund Dill

Für den Sud
3 TL Senfkörner
2 TL Pfefferkörner
20 g Salz
500 ml Weißweinessig

1. Die Gurken gründlich waschen und nach Belieben in Streifen oder 5 mm dicke Scheiben schneiden. Die Zwiebeln schälen, halbieren und fein hobeln oder schneiden. Den Knoblauch ebenfalls schälen und in feine Ringe schneiden. Den Dill grob auseinanderzupfen und alles zusammen in einer großen Schüssel miteinander vermengen.

2. Für den Sud alle Zutaten mit 500 ml Wasser in einem Topf zum Kochen bringen. In der Zwischenzeit die steril ausgekochten Gläser mit dem Gurkengemisch füllen. Darüber den noch ganz heißen Sud gießen. Die Gläser randvoll auffüllen, sofort verschließen und auf den Kopf stellen.
An einem kühlen und dunklen Ort aufbewahrt, halten sich die Gurken etwa ein Jahr, also bis zur nächsten Ernte.

BUNTER PAPRIKA-MIX

Paprika sind wahre Allrounder in der Küche. Wie gut, dass die bunten Früchte auch auf der Fensterbank und dem Balkon gedeihen können.

Paprika gibt es in Rot, Orange, Gelb und Grün, in Violett und sogar in Weiß, die Formen reichen von flachrund, rund oder blockig über dreieckig bis hin zu herzförmig und spitz. Ursprünglich stammt das Gemüse übrigens aus Südamerika und hat es gerne sehr warm, sogar noch wärmer als Tomaten. Das sind ja gar keine schlechten Voraussetzungen für den Anbau in der Wohnung oder auf dem warmen Balkon.

Einfach loslegen

Mit der Anzucht aus Samen könnt ihr im März starten, indem ihr Anzuchterde in flache Schalen füllt, die Samen darauflegt und mit ca. 1 cm Erde bedeckt. Damit das Saatgut auch keimt, solltet ihr es den Pflanzen mit 25 °C kuschelig warm machen und die Anzuchtgefäße am besten an einen sonnigen Platz stellen. In einem kleinen Gewächshaus oder einem Topf mit Glashaube haben sie bessere Chancen zu keimen und fühlen sich wohler. Lüften nicht vergessen und die Erde stets leicht feucht halten. Zugluft und trockene Luft wirken sich nachteilig auf eure Pflanzen aus und sollten vermieden werden.

Haben die Sämlinge eine Größe von etwa 5 cm erreicht, könnt ihr sie pikieren (siehe Seite 46) und einzeln in größere Töpfe umsiedeln. Passt auf die empfindlichen Wurzeln auf und setzt die Pflänzchen gern ein paar Zentimeter tiefer in die frische Erde. Bilden sich neue Blätter, fühlen sie sich wohl und ihr könnt langsam anfangen geringe Mengen Dünger zu geben. Der endgültige Topf sollte mindestens 20 cm tief sein.

Wollt ihr eure Paprika auf dem Balkon ziehen, bitte daran denken: Paprika vertragen keinen Frost und sollten erst nach den Eisheiligen ins Freie gestellt werden. An sonnigen Tagen könnt ihr sie bereits zum Abhär-

Alle Hände voll zu tun. Die kompakt wachsenden Snackpaprika bilden viele kleine Früchte aus. Einfach nach und nach abschneiden und genießen.

ten für ein paar Stunden rausstellen. Im Haus am Fenster aufgezogen brauchen sie alles, was an Sonnenlicht und Wärme geht.

Pflegeeinheiten

Die erste Blüte, die sich bei Paprikapflanzen entwickelt, wird Königsblüte genannt. Sie entwickelt sich zwischen dem Haupttrieb und dem ersten Seitentrieb. Wird sie abgeschnitten, regt man dadurch einen kräftigen Wuchs an und dass sich viele weitere Blüten bilden. Also ran an die Scheren! Für einen stabileren Halt könnt ihr die Pflanze an einen Bambusstab binden.

Im Sommer brauchen Paprika täglich Wasser, achtet aber darauf, dass sich keine Staunässe bildet, z. B. darf kein Wasser im Untersetzer stehen bleiben.

Ernten könnt ihr vom Spätsommer bis in den frühen Herbst. Je nach Witterung hatte ich auch im Oktober mintunter noch Früchte an den Pflanzen.

Paprikaschoten färben sich durch die Sonneneinstrahlung und starten mit Grün – es gibt aber auch rein grüne Sorten –, über Gelb oder Orange bis Rot. Richtig schön aromatisch sind Paprika erst, wenn sie gut ausgereift sind und ihre endgültige Farbe haben, dann ist auch der Nährstoffgehalt höher. Ihr erntet aber einfach nach Geschmacksvorlieben.

Empfehlenswert

Für die Fensterbank empfehle ich euch Sorten wie ‘Medusa’. Die Pflanzen werden bloß 30–40 cm hoch, tragen aber viele kleine Früchte.

Gefüllte Paprika

- Vegetarisch
- Zutaten für 4–5 Personen
- Zubereitungszeit etwa 50 Minuten + etwa 15 Minuten zum Garen der gefüllten Paprika

5 mittelgroße Paprika
1 kleine Stange Porree
1 Zucchini, 1 rote Zwiebel
2 Knoblauchzehen
½ Bund glatte Petersilie
½ Tasse Quinoa (ca. 200 g)
1 EL Olivenöl, 1 TL Muskat
Salz, Pfeffer
1 Dose (400 g) gehackte Tomaten
100 ml Sahne oder Sojacuisine
200 g geriebener Käse

1. Deckel von den Paprikaschoten abschneiden und mit einem scharfen Messer Trennwände und Samen herausholen. Porree putzen, halbieren und in feine Ringe schneiden. Zucchini in Scheiben schneiden. Zwiebel und Knoblauch schälen und fein hacken, Petersilie trocken schütteln und fein hacken.

2. Quinoa abspülen und in reichlich Wasser gar kochen. Öl erhitzen, Zwiebel und Knoblauch darin andünsten, mit Muskat, Salz und Pfeffer würzen. Porree und Zucchini dazugeben und kurz anbraten. Die gehackten Tomaten zugeben und 5 Minuten köcheln lassen. Die Temperatur reduzieren und die Sahne unterrühren. Petersilie einmischen und alles 2–3 Minuten durchziehen lassen.

3. Quinoa zum Gemüse geben und alles vermengen. Paprika in eine Auflaufform stellen und mit der Füllung bis kurz unter den Rand bestücken. Mit etwas Käse oder Mozzarella bestreuen und bei 200 °C für 10–15 Minuten im Ofen (Umluft) garen.

Paprikacreme mit Feta

- Vegetarisch
- Zutaten für 4 Personen
- Zubereitungszeit etwa 30 Minuten + etwa 20 Minuten Backzeit

3–4 mittelgroße Paprika
2 Knoblauchzehen
100 g Walnusskerne
2 Stiele glatte Petersilie
½ TL Paprikapulver edelsüß
50 g Feta
Salz, Pfeffer

1. Die Paprika vierteln, entkernen, waschen, trocknen und mit der Haut nach oben auf einem Backblech verteilen. Eine gehäutete und gehackte Knoblauchzehe darübergeben und bei 180 °C Umluft für 10–20 Minuten im Backofen backen, bis sich die Haut löst. Die Paprika aus dem Ofen nehmen, vorsichtig die Haut abstreifen und zum Abkühlen beiseitestellen.

2. Die Walnüsse hacken, die zweite Knoblauchzehe schälen und hacken, die Petersilie waschen, trocken schütteln und fein hacken. Alles zusammen mit dem Paprikapulver und den Paprika pürieren. Den Feta zerbröseln und unterheben. Mit Salz und Pfeffer abschmecken.
Wenn die Konsistenz zu dünn ist, die Creme für einige Zeit in den Kühlschrank stellen. So wird sie fester und zieht noch ein bisschen mehr durch.

SALATISSIMO

Salat kann man ja immer gebrauchen. Die vielen verschiedenen Sorten sind schnell und einfach anzubauen und kommen das ganze Jahr über frisch auf den Teller.

Im Frühjahr zarter Pflücksalat, knackige Kopfsalate im Sommer, im Herbst der Eissalat und kräftig grüner Feldsalat im Winter. Damit die Salaternte rund ums Jahr gelingt, säe ich nach bzw. neu, sobald sich am zuvor gesäten Salat erste Blätter bilden. Auf diese Weise entstehen keine Versorgungslücken.

Salatige Zeiten

Aussaatmonate	Salat
Januar bis März	Chicorée
Februar	Eis- und Kopfsalate, Pflücksalate
Ab April	Eisbergsalat, Radicchio
März bis August	Asiasalat, Pflücksalat
März bis Oktober	Rucola
Mai bis Juni	Romanasalat
April bis Oktober	Kopfsalate, Pflücksalate, Eissalate
September bis Dezember	Endivie
Oktober bis Februar	Feldsalat

So gelingt der Anbau

Als Lichtkeimer werden die Samen bei der Aussaat auf Anzuchterde gelegt und nur leicht angedrückt. Haltet das Substrat mit einer Sprühflasche feucht und stellt das Gefäß an einen hellen, nicht allzu warmen Ort. Für die Keimung innerhalb von 10–14 Tagen reichen bereits Temperaturen zwischen 10 und 15 °C. Sind die ersten Blätter zu sehen, wird pikiert und einzeln in Töpfe umgesetzt. Da Salate sehr lange Wurzeln bilden, müsst ihr gut aufpassen, dass sie auch wieder möglichst gerade in die Erde kommen. Jungpflanzen dürfen aber auch nicht zu tief eingepflanzt werden. Der Wurzelansatz darf gerne noch ein wenig aus der Erde ragen. Sowohl mit sonnigen als auch halbschattigen Standorten kommen die meisten Salate klar. Im völligen Schatten fühlen sie sich allerdings nicht wohl.

Salat jeglicher Art steht bei meiner Familie und mir hoch im Kurs. Und was ist besser als frisch geerntet, geputzt und verputzt?

Durstig und hungrig?

Salat besteht zu über 90 Prozent aus Wasser er muss also auch gut damit versorgt werden. Zu wenig Wasser lässt die Pflanzen mager in die Höhe schießen. Gedüngt werden muss meist nicht, wenn die Erde bereits nährstoffreich vorgedüngt oder mit Kompost angereichert wurde.

Ernten, ernten, ernten

PFLÜCKSALATE Mit der richtigen Technik könnt ihr Pflücksalat über mehrere Wochen ernten. Lollo- und Bataviasalate sind klassische Pflücksalate und werden blätterweise geerntet. Das hat den Vorteil, dass ihr nur so viel Salat zu ernten braucht, wie ihr benötigt. Etwa 6 Wochen nach der Aussaat kann die erste Ernte starten.

SCHNITTSALATE Bei diesen Salaten schneidet man die Blätter mit einem scharfen sauberen Messer bis zu den inneren Herzblättern ab, die nicht beschädigt werden sollten.

KOPFSALATE Mit einem scharfen Messer schneidet ihr den Strunk vom Salat über der Erde komplett ab.

Wintersalat mit Senf-Dressing

- Vegetarisch
- Zutaten für 4 Personen
- Zubereitungszeit ca. 15 Minuten

400 g Feldsalat
6 EL Walnusskerne
80 g Ziegenweichkäse
6 EL Granatapfelkerne
Für das Dressing:
6 EL Olivenöl
4 EL Weißweinessig o. Apfelessig
1 EL milder Senf, z. B. Dijon
2 EL Agavendicksaft
1 Spritzer Zitrone
Salz, Pfeffer
Käsechips nach Belieben

1. Feldsalat gründlich waschen und von Erde befreien, anschließend etwas auseinanderzupfen. Die Walnusskerne zwischen einem sauberen Geschirrtuch ein wenig zerdrücken. Ziegenkäse auseinanderzupfen. Feldsalat, Walnüsse und Ziegenkäse zusammen mit den Granatapfelkernen in eine große Schüssel geben und alles gut vermengen.

2. Für das Dressing alle Zutaten mischen und kräftig umrühren, sodass sich der Senf gut auflöst. Mit Salz und Pfeffer abschmecken. Vor dem Servieren das Dressing über den Salat geben und vorsichtig unterheben oder den Salat portionsweise auf die Teller geben und etwas Dressing darüberträufeln.

3. Käsechips sind eine köstliche Ergänzung für diesen Salat. Dazu könnt ihr kleine Häufchen Streukäse auf ein mit wiederverwendbarer Backfolie ausgelegtes Backblech setzen und bei 180 °C im knusprig backen. Die Taler zum Salat servieren.

Gemischter Salat mit Kräuter-Dressing

- Vegan
- Zutaten für 4–6 Personen
- Zubereitungszeit etwa 30 Minuten

Salat nach Wahl
½ Gurke, 4–6 Radieschen
1 Handvoll kleine Tomaten
1 Paprika
½ Bund glatte Petersilie
1 Schalotte, 1 Knoblauchzehe
Gemischte Kräuter
8 EL Olivenöl, 4 EL weißer Balsamicoessig
2 EL Agavendicksaft
Salz, Pfeffer
3 EL geröstete Sonnenblumenkerne

1. Salat putzen, waschen, trocknen und in mundgerechte Stücke zupfen. Gurke, Radieschen und Tomaten waschen und in Würfel oder Scheiben schneiden. Von der Paprika den Deckel abschneiden, die Frucht vierteln, Trennwände und Samen entfernen und das Fruchtfleisch in feine Streifen oder Würfel schneiden. Die Petersilie putzen, waschen, trocken schütteln und alles zusammen in eine große Schüssel geben.

2. Für das Dressing die Schalotte putzen, waschen, trocknen und in feine Ringen schneiden, den Knoblauch schälen und fein hacken. Die Kräuter waschen, trocknen und ebenfalls fein hacken. Olivenöl, Essig und Agavendicksaft verrühren und mit Salz und Pfeffer würzen.

3. Das Dressing zum Salat geben und sorgfältig untermischen. Mit gerösteten Sonnenblumenkernen garnieren.

Da geht noch mehr

Radieschen

Raphanus sativus var. sativus

ANBAU: Ab März direkt aussäen, lockeres Substrat, am besten Kräutererde oder gebrauchte Universalerde, 3–4 Stunden Sonne sind ausreichend, starke Hitze wird nicht vertragen
PFLEGE: Schwachzehrer, benötigt keinen zusätzlichen Dünger, gleichmäßig feucht halten
ERNTE: Bei zeitiger Aussaat kann bereits im April/Mai geerntet werden, ganze Knolle aus dem Boden ziehen
VERWENDUNG: Auf's Butterbrot mit Salz, Salat, Radieschengrün für Pesto

Karotten

Daucus carota subsp. sativus

ANBAU: Aussaat März bis Juli direkt in den Topf, Samen vorher einige Stunden in Wasser aufweichen, Saattiefe 1–2 cm, Abstand mind. 2,5 cm, volle Sonne, Keimdauer 10–21 Tage
PFLEGE: Stets feucht halten, Staunässe vermeiden, Mittel-Starkzehrer, Langzeitdünger bei Aussaat in die Erde mischen, danach ist keine weitere Düngung nötig
ERNTE: Ganze Karotten aus der Erde ziehen
VERWENDUNG: Suppen, Salate, Gemüse, Karottengrün für Pesto

Peperoni, Chili

Capsicum anuum

ANBAU: Aussaat ab Ende Januar, Samen einige Stunden in warmes Wasser legen, Keimdauer 10–20 Tage, nährstoffreiche, durchlässige Erde, warmer, vollsonniger Standort
PFLEGE: Feucht halten, alle 2 Wochen düngen z. B. mit Brennnesseljauche, erste Blüte (Königsblüte) abschneiden
ERNTE: Je länger die Reife, umso schärfer die Früchte, noch grün oder vollausgereift ernten
VERWENDUNG: In Öl einlegen, als Pizzabelag, als Topping

Kohlrabi

Brassica oleracea var. gongylodes

ANBAU: Voranzucht bei 16–24 °C, nach der Keimung etwas kühler stellen, aber nicht unter 12 °C, zu eng stehende Sämlinge pikieren, Jungpflanzen nicht zu tief setzen, Pflanzabstand 15 cm, lockere Universalerde, sonniger Standort, es sollte aber nicht zu heiß werden, Halbschatten wird gut vertragen
PFLEGE: Mäßig gießen, im Sommer wird mehr Wasser benötigt, Mittelzehrer, einmal im Monat düngen
ERNTE: ganze Knolle aus der Erde ziehen
VERWENDUNG: Salate, Gemüse, Quiche

Spinat

Spinacia oleracea

ANBAU: Aussaat direkt ab März bis Mai oder August bis September, Saattiefe 2–3 cm, Keimdauer ca. 12 Tage, heller Standort, lockeres, durchlässiges Substrat

PFLEGE: Feucht halten, tiefer Topf, im Balkonkasten können nur junge Blätter geerntet werden, keine Düngung nötig

ERNTE: Nach 6–8 Wochen kann geerntet werden, äußere Blätter abzupfen, Herz nicht verletzen

VERWENDUNG: Salat, Gemüse, Pesto, Quiche

Bohnen

Phaseolus vulgaris

ANBAU: Vorkultur ab Februar bis Mai, Saattiefe 2–3 cm, Keimdauer 7–14 Tage, sonniger bis halbschattiger Standort am Südfenster oder Südbalkon, großer Kübel mit Rankhilfe, Triebe hochbinden

PFLEGE: Regelmäßig gießen, ab der Blüte wird mehr Wasser benötigt, als Schwachzehrer benötigen Bohnen kaum Düngung

ERNTE: Ab Juni bis September können die Bohnen mit einer Schere oder einem Messer geerntet werden oder ihr knipst sie am Stielansatz zwischen Daumen und Zeigefinger ab

VERWENDUNG: Hülsen, Kerne für Suppen, Gemüse, Aufläufe

Erdbeeren

Fragaria x ananassa

ANBAU: Für die Kultivierung im Topf oder Balkonkasten eignen sich beinahe alle Sorten, es gibt aber auch spezielle balkontaugliche Sorten, Jungpflanzen in nährstoffreiches, lockeres Substrat setzen, Drainageschicht verhindert Staunässe
PFLEGE: Regelmäßig gießen, Starkzehrer, am besten alle 2 Wochen mit Brennnesseljauche düngen
ERNTE: Die reifen Früchte am Stiel abknipsen
VERWENDUNG: Roh, Obstsalat, Marmelade, Eis, Süßspeisen, Gebäck

Zucchini

Cucurbita pepo

ANBAU: Voranzucht ab April, Saattiefe 2–3 cm, Keimdauer 7–14 Tage, warmer vollsonniger Standort, Platzanspruch 1x1 m, lockere, nährstoffreiche Gemüseerde
PFLEGE: Regelmäßig gießen, Starkzehrer, etwa alle 2 Wochen düngen
ERNTE: Nach 2–6 Monaten, mehrmals pro Woche ernten, bevor sie größer als 25 cm werden, durch Drehen oder Abschneiden vom Stiel trennen
VERWENDUNG: Die großen Blüten z. B. mit Ricotta und Parmesan füllen, Früchte als Salat, Suppe

ANLEITUNG

RAN AN DIE KNOTEN – BLUMENAMPEL MAKRAMEE

Blumenampeln sind beim Indoor-Gärtnern sehr nützlich. Sie verschaffen mehr Platz und hübschen den Balkon und die Wohnung auf.

1. **Ihr benötigt** vier starke Baumwoll- oder Sisalschnüre, je 250 cm lang, einen Blumentopf und, wenn ihr mögt, noch einen Ring für die Aufhängung. Nehmt die vier Schnüre und führt sie durch den Ring, sodass sie auf beiden Seiten gleich lang herunterhängen. Nun habt ihr 8 Schnüre.

1

2

2. **Fixiert nun** mit einem Knoten die Schnüre 5–6 cm unterhalb des Rings. Ihr könnt auch eine einfache Schlaufe knoten, ohne einen Ring zu verwenden.

3. Nun startet mit der obersten Knotenreihe. Stellt dazu einmal den Topf auf und schaut, wo die Knoten am oberen Rand sitzen sollten. Verknotet nun auf gleicher Höhe jeweils 2 Schüre. Am Ende habt ihr 4 Knoten.

4 Als Nächstes kommt die mittlere Knotenreihe. Verknotet die Schnüre miteinander, die noch nicht zusammengeknotet sind. Ihr erhaltet wieder 4 Knoten. Für das untere Ende des Topfes wiederholt ihr diesen Vorgang noch einmal.

5. Als Letztes werden die 8 Schnüre unterhalb des Topfes mit einem Knoten fixiert, damit er nicht durch das Netz fällt. Die Enden könnt ihr euch zurechtschneiden.

DIE WELT DER PILZE

Pilze sind faszinierende Geschöpfe und für das Leben auf der Erde unersetzlich. Sie kommunizieren und versorgen Pflanzen und Bäume mit Nährstoffen. Einige von ihnen gedeihen auch indoor oder auf dem Balkon.

PILZWISSEN FÜR BEGINNER

Einige leckere Pilze können das ganze Jahr über selbst angebaut und geerntet werden. Ganz einfach, schadstofffrei und frisch – das ist Luxus!

Vom Hefepilz bis zum Ziegenbart: Pilze kommen in einer gewaltigen Vielfalt von köstlich und gesund bis tödlich daher und existieren nicht bloß als hübsche Lebewesen im Herbst. Sie bilden neben Tieren und Pflanzen ein vollkommen eigenes Reich und sind von besonderer Bedeutung für die Natur. Sammeln solltet ihr in der Natur deshalb nur, was auch erlaubt ist und vor allem was ihr eindeutig erkennt. Pflückt bitte nicht ab oder trampelt zum Spaß auf Pilzen rum. Besser werden sie gleich selbst gezogen; das macht sehr viel Freude.

Pilze – Gift und Genuss

Was ist schöner, als im Herbst in den Wald zu ziehen, um Pilze sammeln zu gehen: Es duftet herrlich, das Laub unter den Füßen raschelt leise und es gibt eine leckere Ausbeute für das Abendessen. Macht bei Gelegenheit gerne mal eine geführte Pilzwanderung mit. Wer sich nicht gut auskennt, sollte auf jeden Fall die Finger vom Sammeln im Wald und auf der Wiese lassen. Das Risiko, giftige Pilze mitzunehmen, ist einfach zu hoch.

Selbstversorgen mit Pilzen

Um dem Risiko einer Vergiftung zu entgehen, könnt ihr Pilze in der Wohnung oder auf dem Balkon auch selbst anbauen. Das gelingt unter diesen Bedingungen sogar das gesamte Jahr. Sie entwickeln sich zu anspruchslosen Untermietern und sind hart im Nehmen. Ihr habt die Qual der Wahl.

Anbaumöglichkeiten für zu Hause

Pilze sind keine Pflanzen im herkömmlichen Sinne. Sie produzieren kein Chloro-

Hygiene ist bei der Pilzzucht im Haus sehr wichtig, um die Kulturen nicht zu zerstören. Saubere Hände oder noch besser Handschuhe tragen sind ein guter Rat.

phyll und können daher keine Photosynthese betreiben. In der Natur leben viele von absterbenden organischen Substanzen, die sie zersetzen. Andere existieren im ständigen Geben und Nehmen in Symbiose mit Bäumen. In der Wohnung oder auf dem Balkon sind die Gegebenheiten natürlich ganz anders.

Mit einer sogenannten Pilzbrut, dem Pilzmyzel, und geeignetem Nährboden wie Holz, Stroh oder Kaffeesatz könnt ihr die Aufzucht direkt starten. Im Handel erhaltet ihr bei Substrat- und Brutherstellern auch fertige Kultursets, mit denen nichts schiefgehen kann, wenn ihr die Anleitung lest und Schritt für Schritt genau befolgt.

Ich bin selbst neu im Pilzgeschehen und habe für den Anfang mein Glück erfolgreich mit Kultursets versucht. Dabei herausgekommen ist eine ordentliche Ernte Champignons, Austernpilze und Kräuterseitlinge.

Das muss passen

Pilze benötigen einen geschützten Bereich und haben je nach Sorte ganz unterschiedliche Anforderungen an Luftfeuchtigkeit, Temperatur und Lichtverhältnisse. Generell könnt ihr sie aber im Bad, Keller, Küche oder Hausflur anbauen. Besonders hell muss es nicht sein und zu heiße oder trockene Plätze solltet ihr vermeiden. Ein Austrocknen der Pilzkultur muss auf jeden Fall verhindert werden.

Gegenüber Verunreinigungen sind Pilze sehr empfindlich. Fasst die Pilzbrut nur mit sauberen Händen oder wenn möglich mit Handschuhen an. Keime führen nämlich sehr schnell zum Absterben der Kultur. Regenwasser und abgestandenes Leitungswasser sind aus diesem Grund zum Gießen nicht geeignet. Gießt ausschließlich mit frischem Leitungswasser.

CHAMPIGNONS ZÜCHTEN LEICHT GEMACHT

Champignons sind die Allrounder. Vielseitig verwendbar und im Geschmack angenehm mild. Sie gedeihen fast überall und sind dankbare Untermieter.

Champignons gehören zu den beliebtesten Speisepilzen. Es gibt zahlreiche Arten, aber nicht alle sind essbar. Am bekanntesten ist der Zweisporige Champignon (*Agaricus bisporus*), der auch als Zuchtchampignon oder Egerling bezeichnet wird.

Pilzgeflüster

Für die Anzucht in der Wohnung sind Champignons gut geeignet, denn sie wachsen nahezu überall. Sie nehmen wenig Platz weg und sind relativ anspruchslos. Einzig auf die Temperatur- und Lichtverhältnisse sollte gut geachtet werden.
Das Frühjahr oder der Herbst sind zum Anlegen einer Pilzkultur bestens geeignet. Im Winter geht es zwar auch, ihr benötigt aber unbedingt einen frostfreien Standort, denn Kälte ist nichts für die zarten Pilze. Für Beginner empfehle ich eine Fertigkultur. Hier sind die Pilzmyzelien schon in eine keimfähige Unterlage eingearbeitet und ihr könnt gleich loslegen.

Einfach ein Set nehmen

Ein Fertigkulturset enthält fast alles, was ihr für die Anzucht benötigt, sowohl das mit Pilzmyzel geimpfte Substrat als auch Erde zum Abdecken. Der Lieferkarton dient gleichzeitig als Zuchtbox, in der die Pilze wachsen. Lasst sie nach dem Kauf nicht zu lange stehen, bis ihr sie aktiviert. Während des Transports wird durch die Bewegungen das Wachstum angeregt, wird dann nicht bald mit der Anzucht begonnen, stirbt die Kultur. Wichtig ist vor allem die Luftfeuchtigkeit: Sie sollte bei 80–95 Prozent liegen.

Für Profis: Selber impfen

Wenn ihr schon Übung habt, könnt ihr das Substrat auch selbst impfen. Hierfür bestellt ihr z. B. eine Körnerpilzbrut. Mit einem kleinen Strohballen oder Strohpellets habt ihr den perfekten Untergrund. Diese Methode eignet sich eher für einen Balkon als für die Indoor-Zucht und nur für z. B. Kräuter- und Rosenseitlinge, Austern- und Limonenpilze. Bester Zeitpunkt für das Selberimpfen ist das Frühjahr oder der Herbst. Sauberes Arbeiten ist auch hier die Voraussetzung für das Gelingen. Es gilt: immer eine Sorte pro Substrat.

Mit der Fertigkultur in einer Brutbox gelingt euch die Anzucht easy. Im Badezimmer platziert, sprießen nach wenigen Wochen erste Pilze.

Was ihr benötigt und wie es geht

Ihr braucht: 1 Körnerpilzbrut,
1 kleiner trockener Bio-Strohballen,
einen Kübel, Wasser

› Legt den Strohballen in einen passenden Kübel und bedeckt ihn für 12 Stunden mit Wasser. Damit er nicht untergeht, könnt ihr einen Wassereimer auf ihm platzieren. Lasst ihn danach mindestens 3 Stunden abtropfen, bevor ihr ihn impft.

› Mit einem Besenstiel bohrt ihr nun mehrere ca. 15 cm tiefe Löcher in den Ballen und gebt dort je 1 Teelöffel der Pilzbrut hinein und verschließt die Löcher wieder.

› Stellt den Ballen an einem schattigen Ort bei 15–20 °C auf. Deckt den Ballen mit einer Decke ab, damit er nicht zu schnell völlig austrocknet. Ideal ist ein Dach oder eine Holzplatte, die vor übermäßigem Regen schützt. Regelmäßiges Lüften nicht vergessen.

› Der Strohballen sollte im Inneren immer stets leicht angefeuchtet sein. Testet mit dem Finger und wässert nach.

› Nach 6–8 Wochen ist der Strohballen durchwachsen. Ihr könnt die Abdeckung abnehmen. Die ersten Pilze erscheinen dann bei Außentemperaturen von 10–20 °C. Ihr könnt mehrmals ernten.

TOLLER SATTMACHER: AUSTERNSEITLING

Austernpilze haben einen hohen Proteingehalt und sind gute Vitamin-B- und -D-Lieferanten. Ihr Geschmack ist mild und sie sind ein guter Fleischersatz.

Echt beliebt als Speisepilz ist auch der Austernseitling (*Pleurotus ostreatus*) oder Austernpilz. Dass er als Fleischersatz wirklich tauglich ist, kann man auch an seinem zweiten Namen erkennen: der Kalbfleischpilz. Der Pilz liebt Buchen und Rotbuchen, aber auch andere Laubgehölze wie Eichen und wächst vor allem an alten umgestürzten oder geschwächten Bäumen. Sein Name rührt daher, dass er seitlich nach oben wächst. Als Kulturpilz wird er hoch geschätzt, weil er auf Holzspänen, Papier, Stroh und anderen Rohstoffen wächst, sogar auf Kaffeesatz. Und das kann man sich auch für die Indoor-Zucht zunutze machen. Austernpilze haben eine starke Sporenbildung, ihr solltet sie bei Allergien nicht unbedingt im Schlafzimmer aufstellen. Ein unbewohnter Raum oder der Balkon ist in diesem Fall geeigneter.

Yummie Austernseitling – so wachsen sie zu Hause

Beste Wachstumsbedingungen für den Austernseitling sind ein feuchter und nicht beheizter Raum mit stabilen Temperaturen von 10–15 °C, eine hohe Luftfeuchtigkeit und Tageslicht. Am einfachsten geht es mit einem Kulturset.

Wenn das bestellte Kulturset bei euch zu Hause angekommen ist, dann kontrolliert erst einmal, ob das Substrat vollständig vom Pilzmyzel durchwachsen ist. Falls nicht, wird der Karton noch einmal verschlossen und die Kultur für 1–2 Wochen bei Zimmertemperatur aufbewahrt.

Ist die Kultur dann gut durchwachsen, schneidet ihr im unteren Drittel einen langen Streifen in den Karton, öffnet die Folie und stellt den Karton an einen geeigneten

Ort. Nach 2–6 Wochen zeigen sich die ersten Pilze, die geerntet werden können, wenn sie eine gute Größe erreicht haben. Nach der Ernte öffnet ihr oben den Karton und gießt das Substrat. Danach wird er wieder verschlossen. Verschließt auch den Schlitz und schneidet an einer anderen Seite einen neuen in den Karton. So beginnt ein neuer Durchlauf.
Nach etwa 6 Monaten ist die Kultur erschöpft und ihr könnt sie über den Kompost entsorgen oder gleich als Dünger für den Garten verwenden.

Die schmackhaften Austernseitlinge können ganzjährig in der Wohnung kultiviert und geerntet werden. Ihr Fleisch ist zart und leicht verdaulich.

Auf Kaffeesatz gezogen

Wenn ihr die Austernseitlinge auf dem Balkon ziehen wollt, braucht ihr dazu einen schattigen und windgeschützten Platz. Hier könnt ihr sie auf Holz oder Stroh kultivieren. Ich habe es mit Kaffeesatz probiert.

› Ihr braucht einen sauberen Kübel oder Eimer mit Deckel, in den ihr seitlich gut verteilt 4 Löcher mit ca. 2 cm Durchmesser bohrt. Verschließt diese Löcher mit Pflaster oder Dübeln. Jetzt kommt so viel Kaffeesatz dazu, dass der Boden des Gefäßes etwa 2 cm hoch befüllt werden kann. Gebt nun eine 1 cm hohe Schicht durchwachsene Pilzbrut dazu und vermischt sie mit dem Kaffeesatz.

› Der Eimer kommt jetzt erst mal bei maximal 22 °C an einen dunklen Platz im Keller oder einer Abstellkammer. Nach 1–3 Tagen hat das Myzel den Kaffeesatz durchwachsen und ihr könnt weiteren Kaffeesatz darüberstreuen. Dieser Vorgang wird so oft wiederholt, bis der gesamte Kübel voll mit Kaffeesatz und durchwachsenem Myzel ist.

› Jetzt kommt der Eimer an einen helleren und kühleren Platz. Entfernt nun die Pflaster und besprüht die Löcher zweimal am Tag mit sauberem Wasser.

› Nach wenigen Tagen haben sich die ersten erntereifen Pilze gebildet. Nach 10–20 Tagen Ruhe bilden sich erneut Pilze. Es kann bis zu dreimal geerntet werden.

MIT VIEL AROMA: KRÄUTERSEITLING

Geschmacklich haben Kräuterseitlinge nichts mit Kräutern zu tun. Was das Aroma angeht, ähneln sie den Steinpilzen und sind sehr aromatisch, zart und bissfest.

Wenn er nicht nach Kräutern schmeckt, warum heißt er dann so? Wenn ihr euch das jetzt fragt, habe ich hier die Antwort parat: Seinen Namen verdankt der Kräuterseitling seinem Wuchsort. Andere Seitlinge sind Baumbewohner. Der Kräuterseitling aber wächst auf den Wurzeln von Kräutern. Am besten schmecken sie gebraten auf dunklem Brot.

Was ist das denn für eine Kultur? Eine Pilzkultur!

Jetzt gibt es erst mal einige Fakten zur Kultivierung. Kräuterseitlinge benötigen eine konstante Temperatur zwischen 15 und 20 °C, außerdem eine hohe Luftfeuchtigkeit. Idealerweise liegt sie bei 90 Prozent. Bei mir zu Hause komme ich aber nur auf diesen Wert, wenn der Luftbefeuchter für meine tropischen Zimmerpflanzen eingeschaltet ist. Hohe Luftfeuchtigkeit wird aber auch z. B. in der Küche oder im Bad erreicht, außerdem könnt ihr mit einer mit Wasser gefüllten Schale und einem Stein auch für weniger trockene Luft sorgen. Haltet ihr euch sonst an die Pflegeanleitung, dann bilden sich bereits nach ein paar Tagen schon kleine Minipilze.

Ran an die Kräuterseitlinge

Bei meinen ersten Versuchen habe ich mich auch bei den Kräuterseitlingen für eine Fertigpilzkultur entschieden, die ich direkt bei einem Pilzzüchter bestellt habe. Das funktioniert völlig problemlos. Geliefert wurden ein Beutel mit geimpften Substrat und eine Folienhaube.

In der Küche sind mir Kräuterseitlinge die liebsten - leicht zu putzen und schnell verarbeitet. Richtige Prachtexemplare sind da in meinem Flur gewachsen.

› Aktiviert die Kultur spätestens eine Woche nach Erhalt, da durch den Transport das Wachstum angeregt wird und die Pilze sich weiterentwickeln wollen. Geschieht das nicht, verkümmert das Myzel und die Ernte wird schlecht ausfallen.

› Nehmt die Kultur mitsamt dem Beutel aus dem Karton und stellt sie den Bedingungen entsprechend auf. Nachdem ihr einen etwa 5 cm großen Schlitz in den Beutel geschnitten habt, werden schon bald die ersten stecknadelgroßen Pilzansätze zu sehen sein. Jetzt ist es Zeit, den Beutel zu entfernen.

› Legt nun einen flachen Stein in einen Untersetzer und gießt Wasser hinein. Die Pilzkultur setzt ihr auf den Stein, steckt die mitgelieferten Abstandshalter in die Kultur und stülpt die ebenfalls mitgelieferte Folienhaube darüber. Auf diese Weise entsteht ein kleines Treibhaus.

› Nach 7–28 Tagen sind die ersten Pilze zu sehen. Sind sie erntereif, könnt ihr sie dicht beim Substrat abschneiden. Erntet immer die gesamte Kultur ab. Lasst die Kultur einige Tage ohne Haube ruhen und stecht danach ein paar Löcher hinein. Taucht sie dann für 24 Stunden in kaltes Wasser. Danach startet ihr wieder von vorne.

› Es ist völlig normal, dass die Kultur auch mal 2–4 Wochen Pause einlegt. In der Regel könnt ihr aber drei- bis viermal über ca. 4 Monate ernten. Danach ist die Kultur erschöpft. Ihr könnt sie dann als hochwertigen Kompost nutzen.

Pilzstulle mit Kräuterseitlingen

- Vegetarisch
- Zutaten für 2 Personen
- Zubereitungszeit etwa 10 Minuten

2 Scheiben Brot, z. B. Sauerteigbrot
Olivenöl
3 Kräuterseitlinge
1 Frühlingszwiebel
1 Zweig Rosmarin
1 Stängel Salbei
2 Knoblauchzehen
Salz, Pfeffer
20 g Butter

1. Die Brotscheiben im erhitzten Olivenöl von beiden Seiten kross backen. Währenddessen die Kräuterseitlinge putzen und in feine Scheiben schneiden, die Frühlingszwiebel in feine Ringe zerteilen, Rosmarinnadeln und Salbeiblätter abzupfen und grob schneiden.

2. Die Brotscheiben aus der Pfanne nehmen. 1 Esslöffel Olivenöl in derselben Pfanne erhitzen und die Kräuterseitlinge darin von beiden Seiten scharf anbraten, bis sie goldbraun sind.

3. Die Knoblauchzehen schälen und hacken und zusammen mit Rosmarin, Salbei und den Frühlingszwiebeln zu den Pilzen geben und kurz mitbraten. Mit Salz und Pfeffer würzen.

4. Die Butter auf die Brotscheiben streichen und gleichmäßig mit der Pilz-Kräuter-Mischung belegen. Frischer Rucola und Feta passen sehr gut dazu und können optional noch mit aufs Brot.

Pilzrisotto

- Vegetarisch
- Zutaten für 2 Personen
- Zubereitungszeit etwa 30 Minuten

300 g Kräuterseitlinge oder Steinpilze
2–3 Schalotten
50 g Butter
200 g Risottoreis
100 ml Weißwein
500 ml heiße Gemüsebrühe oder Pilzfond
2 EL Olivenöl
Salz, Pfeffer
60 g Parmesan
4 EL gehackte glatte Petersilie

1. Die Pilze putzen und in mundgroße Stücke schneiden. Die Schalotten putzen, fein würfeln und mit etwas Butter glasig dünsten. Dann den Risottoreis dazugeben und glasig dünsten.

2. Das Ganze mit dem Weißwein unter ständigem Rühren ablöschen. Nach und nach immer so viel Gemüsebrühe zugeben, dass der Reis bedeckt ist. Wenn die Brühe aufgesogen ist, wieder Brühe zugießen. Es sollte nur leicht köcheln. So viel Brühe zugeben, bis der Reis die gewünschte bissfeste Konsistenz hat.

3. Während die Gemüsebrühe einkocht, das Olivenöl erhitzen und die Pilze darin anbraten. Mit Salz und Pfeffer abschmecken. Ist der Risotto fertig, die restliche Butter dazugeben.

4. Den Parmesan reiben und über den Risotto streuen. Die Kräuterseitlinge hinzufügen und beides unter den Reis heben. Vor dem Servieren mit Petersilie garnieren.

Tipps und Tricks rund um die Pilzzucht

Geht nicht, gibt's nicht

Bei der Pilzzucht in den eigenen vier Wänden könnt ihr nicht viel falsch machen. Austernseitlinge verzeihen euch sogar den ein oder anderen Anfängerfehler und mit fertigen Sets könnt ihr euch erst einmal ausprobieren. Jetzt ist ausprobieren angesagt. Und wenn es mal nicht gleich gelingt, dann solltet ihr nicht aufgeben. Beim nächsten Mal klappt es bestimmt. Neben der passenden Temperatur und einer hohen Luftfeuchte sollte noch Folgendes beachtet werden: Die Kulturen sollten nicht direkten Kontakt mit Wasser haben. Wenn nämlich Staunässe entsteht, fault das Substrat und die Pilze wachsen nicht oder gehen ein.

Hygiene

Das Einzige, was bei der Pilzzucht schiefgehen kann, ist eine Kontamination eurer Pilzbrut mit schädlichen Keimen. Hygiene ist deshalb das A und O bei der Pilzzucht. Schmutzige Gefäße, Hände oder verkeimtes Gießwasser können die Pilzkultur kontaminieren und unbrauchbar machen. Anzeichen dafür können sein, dass kein Wachstum stattfindet. Außerdem ungewöhnliche Gerüche, Verfärbung oder Schleim. Es kann schon eine einzige Bakterie ausreichen. Sauberes und wenn möglich steriles Arbeiten ist daher wichtig.

Indoortauglich oder nicht?

Nicht alle Pilze wachsen in der Wohnung oder auf dem Balkon. Am besten fangt ihr mit Champignon, Austern- und Kräuterseitlingen an, die gedeihen auf jeden Fall gut, außerdem noch Shiitake und Stockschwämmchen. Für die Zucht nicht geeignet sind z. B. Steinpilze oder Trüffel. Sie gehen in der Natur eine Symbiose ein und benötigen besondere Bedingungen, die wir ihnen im Haus nicht geben können.

Nicht zu heiß

Heizt euren Pilzen erst in der Pfanne ein. Es ist nicht ratsam, die Pilzkultur direkt unter einen laufenden Heizkörper zu stellen, denn dadurch trocknet das Substrat einfach zu schnell aus. Viele Pilzarten vertragen auch keine direkte Sonneneinstrahlung. Denkt daran: Pilze wachsen bevorzugt im Unterholz.

Fangt klein an

Für den Anfang sind fertige Kultursets optimal geeignet. Sie sind schon gut vorbereitet und ihr braucht nicht mehr so viel zu tun, als bloß den richtigen Standort zu finden. Das Impfen von Substrat ist nicht ganz einfach, zumal es schnell zu Kontaminationen kommen kann. Also erst mal langsam anfangen. Das Substrat in den Sets ist bereits von Myzel durchzogen und ihr könnt nach wenigen Handgriffen direkt loslegen. Wenn ihr Spaß am Pilzekultivieren bekommen habt, könnt ihr euch natürlich auch ans Impfen trauen.

Alles in einem Sack

Wenn ihr in eurer Wohnung keine optimalen Bedingungen für eine Pilzkultur bieten könnt, z. B. weil die Luft einfach zu trocken ist, dann sind sogenannte Pilzzuchtbags eine große Hilfe. Sie funktionieren in etwa so wie ein Gewächshaus und sorgen für eine hohe Luftfeuchtigkeit und konstante Wärme.

INDOOR-KRÄUTERGARTEN

Viele Kräuter sind Sonnenanbeter und lieben frische Luft. Doch wer jetzt denkt, ohne Garten oder Balkon aufgeschmissen zu sein, der irrt sich. In der Wohnung finden sich nämlich optimale Bedingungen.

BEST OF – KRÄUTER FÜR JEDEN TAG

Das ganze Jahr über frische Kräuter? Beim Indoor-Gärtnern geht das. Und es macht einfach Spaß, das Essen mit dem Selbstangebauten aufzuwerten.

Ob im Salat, Tee, in Soßen, zum Gemüse oder im Dip, Kräuter verleihen jedem Gericht eine frische, würzige Note. Kräuter schmecken aber nicht nur gut, sie stecken auch voller gesundheitsfördernder Nährstoffe, die auf unserem Speiseplan nicht fehlen sollten. Je frischer, desto besser. Umso praktischer, dass Kräuter auch in der Wohnung ganzjährig und unabhängig von der Jahreszeit kultiviert werden können. Tiefkühlkräuter waren gestern. Auf die könnt ihr mit eurer kleinen Indoor-Kräuterei getrost verzichten.

Mediterrane Kräuter

Die meisten Kräuter aus dem Mittelmeerraum sind echte Sonnenanbeter. Sie haben eine Vorliebe für sonnige Plätze, trockene und karge Böden. Und sie sind unglaublich aromatisch. Überhaupt ist die Mittelmeerküche sehr geschmackvoll und gilt als besonders gesund. Rosmarin, Oregano, Basilikum & Co. dürfen also auch bei uns nicht fehlen, zumal sie ganz pflegeleicht sind – ihr könnt euch also getrost an den Anbau in der Wohnung und auf dem Balkon machen.

Eine kleine Vorstellungsrunde für Rosmarin & Co.

ROSMARIN Die aromatischen Rosmarinnadeln sind fester Bestandteil der mediterranen Küche. Sie können sowohl frisch als auch getrocknet für eine Vielzahl von Gerichten wie Aufläufen, Bratkartoffeln, Desserts oder Ölen verwendet werden. Der mehrjährige Halbstrauch gehört zu meinen Lieblingskräutern.

OREGANO Lecker für uns Menschen und ein Paradies für Insekten ist der Kosmopolit Oregano, der weder in der italienischen und mexikanischen noch in der nahöstlichen Küche fehlen darf. Er wächst mehrjährig und ist unkompliziert in der Pflege. Wenn ihr 1 oder 2 Oreganopflanzen auf dem Balkon kultiviert, schafft ihr ganz nebenbei ein Paradies für Insekten.

THYMIAN Eine Pflanze wird euch beim Thymian wahrscheinlich nicht reichen. Es gibt ihn in vielen Arten und Sorten, als Staude oder kleiner Halbstrauch und mit unterschiedlichen Aromen. Den aromatischen Zitronenthymian mag ich besonders gern. Die kleinen Thymianblätter lassen sich gut trocken und z. B. zu Kräutersalz verarbeiten.

Ich liebe es, frische Kräuter in der Küche zu verarbeiten, und pflanze das aromatische Grünzeug überall da, wo es möglich ist.

Die Basics – heimische Kräuter

Gefühlt wachsen Petersilie, Schnittlauch, Liebstöckel und Dill schon immer in unseren heimischen Gärten. Klar, dass sie als heimische Kräuter bezeichnet werden, obwohl ihr Ursprung meist in anderen Ländern liegt. Dill soll z. B. aus Südostasien stammen, Liebstöckel aus dem Mittleren Osten. Die Kräuter werden oft unterschätzt und sind alles andere als langweilig. Klassiker wie Petersilie und Schnittlauch hatten wir alle schon einmal auf dem Teller. Dabei können sie mehr als Dekoration. Ein Salat ohne Petersilie? Undenkbar. Und Minze kann mehr als Mojito, schmeckt im Tee, zu Süßspeisen und im Tabouleh.

Darf ich vorstellen?

PETERSILIE Petersilie gehört mit zu den populärsten Küchenkräutern. Ihre vielseitige Verwendung für Salate, Suppen, Kartoffeln oder zum Garnieren macht sie so beliebt. Glatte Petersilie hält sich länger und ist aromatischer, krause Petersilie ist milder.

SCHNITTLAUCH Geschmacklich erinnert Schnittlauch an Lauch und Zwiebeln. Das macht ihn vielseitig als Küchengewürz einsetzbar. Er verfeinert Rührei, Suppen, Brote, und Salate.

STECKBRIEFE

Die Sonnenfans

Rosmarin

Salvia rosmarinus

ANBAU Aussaat ab Januar möglich, Saattiefe 1 cm, sehr langsame Entwicklung, besser vorgezogene Pflanze oder Stecklinge kultivieren, vollsonniger Standort am Südfenster oder Südbalkon

PFLEGE Regelmäßig gießen, Erde darf ruhig mal austrocknen, im Sommer zwei- bis dreimal düngen, Ende März Rückschnitt

ERNTE Ganze Triebe oder einzelne Nadeln

VERWENDUNG Bratkartoffeln, Aufläufe, selbst gemachte Öle und Essige

Basilikum

Ocimum basilicum

ANBAU Aussaat ab Anfang April, Lichtkeimer, alle paar Wochen nachsäen, lockeres Substrat, Gemüse- oder Blumenerde, zuoberst eine Schicht Anzuchterde, vollsonniger Platz, Südfenster oder Südbalkon

PFLEGE Täglich den Topf wenige Minuten in eine Schale Wasser stellen, Staunässe und feuchte Blätter vermeiden, regelmäßig alle 4–6 Wochen z. B. mit Tomatendünger düngen

ERNTE Stiele oberhalb eines Blattpaares abschneiden

VERWENDUNG Salate, Pesto, als Garnierung

Salbei

Salvia officinalis

ANBAU Aussaat ab März, Lichtkeimer, Keimdauer ca. 2 Wochen, Kräutererde mit etwas Sand gemischt, sonniger Platz, Südbalkon oder Südfenster

PFLEGE Mäßig gießen, nicht austrocknen lassen, regelmäßig Spitzen schneiden, alle 2 Wochen düngen z. B. mit Kaffeesatz, jährlich umtopfen oder teilen

ERNTE Ganze Stiele oberhalb eines Blattpaares abschneiden

VERWENDUNG Saltimbocca, Salbeibutter, Pasta, Tee

Thymian

Thymus vulgaris

ANBAU Ab März auf der Fensterbank, Lichtkeimer, Keimdauer 10–15 Tage, magere, durchlässige Blumenerde 1 : 1 mit Sand gemischt, vollsonnig, warm, Südfenster

PFLEGE Regelmäßig, aber nicht übermäßig gießen, Staunässe unbedingt vermeiden, bildet lange Wurzeln, daher hohes Gefäß verwenden, nur wenig düngen

ERNTE Ganze Triebe abschneiden, Ernte kann gleich mit einem Rückschnitt verbunden werden

VERWENDUNG Kräutersalz, Gemüse und Fleischgerichte, Soßen, lässt sich gut trocknen

Die Sonnenfans

Lavendel

Lavandula angustifolia

ANBAU Ab Februar Aussaat bei 10–20 °C, Lichtkeimer, Keimdauer 12–20 Tage, sonniger, trockener Standort, magere, durchlässige bis sandige Erde

PFLEGE Regelmäßig zurückschneiden, nur mäßig gießen, sodass der Wurzelballen nicht austrocknet, Staunässe vermeiden

ERNTE Es können sowohl Blätter als auch Triebspitzen und Blüten geerntet werden

VERWENDUNG Tee, Sirup, für Badezusätze

Zitronenverbene

Aloysia citrodora

ANBAU Ab Frühjahr Aussaat, Lichtkeimer, Keimdauer 15–20 Tage, warmer, sonniger und geschützter Standort, lockere, durchlässige Erde, am besten vermischt mit Sand

PFLEGE Substrat mäßig feucht halten, regelmäßig kleine Mengen Dünger

ERNTE Ganze Triebe abschneiden oder einzelne Blätter abzupfen

VERWENDUNG Tee, zum Würzen von Süßspeisen, passt gut zu Pilz- und Fleischgerichten, lässt sich gut trocknen

Oregano

Origanum vulgare

ANBAU Aussaat ab Mitte Februar, Lichtkeimer, Keimdauer 2–4 Wochen, Kräuter- oder Gemüseerde gemischt mit etwas Sand, warmer Platz, vollsonnig, Südfenster oder Südbalkon
PFLEGE Regelmäßig gießen, im Sommer wenn nötig täglich
ERNTE In der Blüte ernten, vorsichtig die Triebspitzen oder einzelne Blätter abschneiden
VERWENDUNG Optimal für italienische, mexikanische und nahöstliche Küche, für Soßen, Fleisch- und Gemüsegerichte

Majoran

Origanum majorana

ANBAU Aussaat ab Mitte März, Lichtkeimer, Keimdauer 10–14 Tage, Kräutererde oder Kräuter- und Gemüseerde gemischt, warm und sonnig oder halbschattig, Südfenster oder Südbalkon
PFLEGE Mäßig gießen, am besten mit etwas kalkhaltigem Wasser, Staunässe vermeiden, einmal pro Monat einen Flüssigdünger verabreichen
ERNTE Mit einem scharfen Messer ganze Stängel über der Erde abschneiden
VERWENDUNG Als Topping, Würzkraut

Die Schattenliebenden

Liebstöckel

Levisticum officinale

ANBAU Aussaat ab März auf der Fensterbank, Saattiefe 1 cm, Keimdauer 11–14 Tage, lockeres Substrat, Halbschatten oder Schatten, fühlt sich auf dem Balkon wohler, vor allem im Winter, benötigt viel Platz

PFLEGE Alle 4 Wochen von April bis August düngen, feucht, aber nicht nass halten, Wurzelballen darf nicht austrocknen

ERNTE Triebspitzen oder Stängel regelmäßig ernten

VERWENDUNG Suppen, Pilzgerichte, Soßen

Petersilie

Petroselinum crispum

ANBAU Aussaat im Herbst, Saattiefe 1–2 cm, Keimdauer ca. 10 Tage, sonnig bis halbschattig, warm

PFLEGE Erst gießen, wenn die oberste Erdschicht trocken ist, Staunässe und Austrocknen vermeiden, einmal monatlich düngen, saure Erde führt zu gelben Blättern, mit kalkhaltigem Wasser gießen

ERNTE Einzelne Blätter oder ganze Stängel schneiden

VERWENDUNG Pesto, Kräuterbutter, Suppe, Aufläufe, Salate, Garnierung

Dill

Anethum graveolens

ANBAU Ab März auf der Fensterbank, Saattiefe 0–3 cm, Keimdauer ca. 14 Tage, nährstoffreiches, lockeres, durchlässiges Substrat mit Drainage, heller oder halbschattiger Standort, windgeschützt
PFLEGE Etwa zweimal die Woche gießen, Staunässe vermeiden, Tiefwurzler, benötigt einen hohen Topf, einmal monatlich düngen
ERNTE Portionsweise ernten, ganze Stängel oder Spitzen
VERWENDUNG Zum Einmachen und Verfeinern von Soßen, Fisch- und Fleischgerichten

Schnittlauch

Allium schoenoprasum

ANBAU Saattiefe 2 cm, Keimdauer 7–14 Tage, Kaltkeimer, keimt bei unter 18 °C, durchlässiges Substrat, z. B. gute Blumenerde verwenden, Halbschatten, hell und warm, Ostfenster oder Ostbalkon
PFLEGE Regelmäßig mit kalkhaltigem Wasser gießen, für gute Belüftung sorgen, einmal monatlich düngen
ERNTE Gleichmäßig hoher Schnitt, zwei Drittel der Pflanze stehen lassen
VERWENDUNG Salate, Quark, Rührei, Gemüse, als Topping

Die Besonderen

Duftpelargonie

Pelargonium citriodorum

ANBAU Jungpflanzen kultivieren, nach dem 5. Blattpaar zuruckschneiden, um die Verzweigung anzuregen, nach den Eisheiligen können Duftpelargonien auf den Balkon umziehen, sonniger, warmer Platz
PFLEGE Gleichmäßige Wasser- und Nährstoffversorgung, verwelkte Blätter und Blüten sofort entfernen
ERNTE Blätter und Blüten abschneiden und direkt verwenden
VERWENDUNG Aromatisierung von Desserts und Konfitüren, für Sirup und verschiedene Limonaden

Pfefferminze

Mentha x piperita

AUSSAAT Ab Februar auf der Fensterbank, Lichtkeimer, Keimdauer bis zu 3 Wochen, lockeres Substrat, großen Topf verwenden, heller bis halbschattiger Platz
PFLEGE Regelmäßig gießen, dabei lieber viele kleine Wassergaben, für buschigen Wuchs regelmäßig Triebspitzen schneiden
ERNTE Keine einzelnen Blätter abzupfen, dafür ganze Stängel
VERWENDUNG Tee, Desserts, Limonade, Salat

Zitronengras

Cymbopogon citratus

ANBAU Jungpflanzen im Haus bei 20–22 °C kultivieren, als Substrat Blumenerde gemischt mit Sand verwenden, heller Platz, hohe Luftfeuchtigkeit
PFLEGE Gießen, wenn die oberste Bodenschicht abgetrocknet, die Erde aber noch nicht komplett ausgetrocknet ist, monatlich mit Grünpflanzendünger versorgen
ERNTE Junge zarte Stängel oberhalb der Wurzeln abschneiden, alles Strohige gleich entfernen
VERWENDUNG Das weiße Innere wird verwendet für Tee, asiatische Speisen

Currykraut

Helichrysum italicum

ANBAU Ab Frühjahr auf der Fensterbank, Saattiefe 1–2 cm, Keimdauer 8–14 Tage oder Jungpflanzen kaufen, sandiges, kalkhaltiges, nährstoffarmes Substrat, warmer, vollsonniger Standort
PFLEGE Sparsam gießen, Staunässe vermeiden, Rückschnitt erst im Frühjahr für buschigen Wuchs
ERNTE Triebe und Blüten das ganze Jahr abschneiden oder abknipsen
VERWENDUNG Im Salat oder als Tee gegen Husten und Entzündungen

KRÄUTER ERNTEN UND HALTBAR MACHEN

Sind die Kräuter auf dem Balkon oder der Fensterbank gut herangewachsen, kann es endlich losgehen mit Ernten und Verwerten.

Der ideale Erntezeitpunkt für die meisten Kräuter ist kurz vor oder während der Blüte, wenn das Aroma am intensivsten ist. Vor allem Minze, Salbei, Thymian und Majoran schmecken dann sehr gut. Nach der Blüte geht die Kraft in die Samenbildung und die Blätter werden ledrig und bitter. Erntet ihr regelmäßig, könnt ihr die Blütezeit hinauszögern. Die Tageszeit spielt ebenso eine Rolle. Morgens ist der Gehalt ätherischer Öle höher als in der Mittagszeit, wenn die Sonne bereits glüht. Beim Indoor-Kräutergarten ist das nicht ganz so dramatisch, trotzdem sinkt der Gehalt an ätherischen Ölen und anderen Inhaltsstoffen im Laufe des Tages. Stehen eure Kräuter auf dem Balkon, dann erntet morgens erst, wenn der nächtliche Tau getrocknet ist. Und wenn ihr einfach nicht wisst, wohin mit all den Blättern und Blüten, dann heißt es: haltbar machen.

Macht die Kräuter haltbar!

Trocknen, Einlegen, Einfrieren – es gibt viele Möglichkeiten, Kräuter zu konservieren. Noch dazu ist das richtig praktisch, weil man schnell würzige Aromen, verschieden verarbeitet, zur Hand hat.

Getrocknete Kräuter eignen sich für Tee, Gemüsebrühe, Soßen oder Kräutersalz. Sie können bündelweise kopfüber an einem trockenen, dunklen Ort mit guter Luftzirkulation aufgehängt werden, bis sie rascheltrocken sind. Noch besser geht die Trocknung in einem Dörrapparat. Luftdicht verschlossen bleibt das Aroma erhalten, zerkleinert werden sie erst vor der Verwendung.

Zum Einfrieren eignen sich Kräuter mit weichen Blättern wie z. B. Schnittlauch, Petersilie, Dill oder Minze. Ihr könnt sie ernten, klein hacken und in eine Eiswürfelform

Auf Vorrat produzieren: Mit gehackten und im Eiswürfelbehälter eingefrorenen Kräutern habt ihr immer frisches Grün zur Hand.

geben. Füllt die Form mit Wasser auf und ab ins Eisfach. Schnittlauch und Petersilie könnt ihr hacken und auch ohne die Zugabe von Wasser einfrieren. So eignen sie sich z. B. gut für Soßen und können bei Zugabe direkt auftauen und ihr Aroma abgeben.
In gutem Olivenöl eingelegt machen sich mediterrane Kräuter hervorragend. Hierzu sollten die Kräuter zunächst getrocknet werden, kommen dann in weithalsige Gefäße, werden mit Öl übergossen, verschlossen und für einige Tage oder Wochen an ein sonniges Fenster gestellt.

Checkliste

So wird richtig geerntet

Falsch machen könnt ihr wenig. Die meisten Kräuter verzeihen euch beinahe alles. Geht beim Ernten aber sorgsam vor.

- Nutzt zum Ernten sauberes und scharfes Werkzeug, dann kann die Pflanze die Wunden schnell schließen und das verhindert das Eindringen z.B. von Pilzen. Nehmt ein Tuch und wischt vor dem nächsten Schnitt einfach einmal über die Klinge.

- Bei krautigen Pflanzen wie Schnittlauch, Dill und Petersilie schneidet ihr ganze Blätter ab. Die Pflanzen treiben von allein wieder aus. Bei der Petersilie werden zuerst die äußeren älteren Blätter oder Stiele geerntet, beim Schnittlauch wird alles gleichmäßig bis 3 cm über der Erde abgeschnitten. Vom Dill können Blätter oder ganze Stiele in Bodennähe abgeschnitten werden.

- Bei verholzenden Pflanzen wie Basilikum, Salbei, Rosmarin und Minze werden die jungen Triebspitzen oder Stiele geerntet. Stiele werden in halber Höhe geschnitten, damit die Kräuter sich schnell regenerieren können.

Kräuterbutter

- Vegetarisch oder vegan
- Zutaten für 6–8 Personen
- Zubereitungszeit etwa 20 Minuten

250 g Butter oder vegane Butter
1–2 Knoblauchzehen
Je ½ Bund Schnittlauch und Petersilie
Salz, Pfeffer

1. Die Butter wird etwa eine Stunde vor der Zubereitung aus dem Kühlschrank genommen, damit sie weich werden kann.

2. Den Knoblauch schälen und in einem Mixer kurz zerkleinern. Schnittlauch und Petersilie waschen, trocken schütteln und fein hacken. Zusammen mit der Butter in Stückchen und dem Knoblauch einmal kräftig mixen, sodass eine gleichmäßige Masse entsteht. Mit Salz und Pfeffer würzen und nochmals kurz mixen.

3. Die fertige Butter in Schalen umfüllen und im Kühlschrank aufbewahren oder portionsweise einfrieren. Die Kräuter können ganz nach Bedarf variiert werden.

Aromatisches Kräutersalz

- Vegan
- Zubereitungszeit etwa 15 Minuten + etwa 1 Stunde zum Trocknen

10 g frische Kräuter nach Wahl
100 g grobes Salz

1. Die Kräuter waschen und sorgfältig trocken schütteln. Die Blätter von den Stielen abzupfen und fein hacken.

2. Die gehackten Kräuter und das Salz mischen und zum Trocken auf einem Backblech ausbreiten. Bei 40 °C für 1 Stunde im Backofen trocknen, abkühlen lassen und in Gläser abfüllen. Wer keine zusätzliche Energie verbrauchen möchte, kann das Backblech auch einfach 2 Tage an der Luft stehen lassen. Durch das Salz werden die Kräuter konserviert und das Kräutersalz mehrere Monate haltbar gemacht.

MINIGEWÄCHSHAUS & CO.

Sie sind nicht zwingend notwendig, können euch bei der Anzucht jedoch nützlich sein und für gut entwickelte Jungpflanzen sorgen: Gadgets.

Für den Anbau in der Wohnung gibt es zahlreiche Gadgets, die nützlich für euch sein können, wenn die Bedingungen in eurer Wohnung nicht optimal sind oder ihr eine kleine Hilfestellung bei Anbau und Aufzucht benötigt. Von einfachen, günstigen Hilfsmitteln bis smarten Technik-Lösungen ist alles dabei.

Ab ins Häuschen

Sind die Temperaturen für die Anzucht in eurer Wohnung nicht optimal oder unter den Fensterbänken überall Heizkörper, könnt ihr euch mit einem kleinen Gewächshaus für die Fensterbank helfen. Die kleinen Häuschen gibt es aus Metall, Holz oder Kunststoff und natürlich in verschiedenen Ausführungen. Es gibt welche, die vor allem für die Aussaat bis zur Keimung verwendet werden können, und höhere, größere Modelle, in denen auch pikierte Pflanzen Platz finden oder wärmebedürftige kultiviert werden können. Allesamt sind mit lichtdurchlässigen Deckeln versehen.
In den Gewächshäuschen können Samen bei konstanter Temperatur keimen und zu kräftigen Jungpflanzen heranwachsen. Das Prinzip beruht auf dem Treibhauseffekt. Die Sonnenstrahlen erwärmen den Boden und werden als Infrarot-Strahlen zurückgesendet, können das Gewächshaus aber nicht mehr verlassen. So wärmen sie es auf und schaffen gute Bedingungen für eure Anzucht. Optimal ist es, wenn das Licht direkt von oben kommt. Sorgt täglich für kurze Belüftungszeiten, damit kein Schimmel entstehen kann.

Pflanzbox

Natürlich gibt es auch smarte Lösungen mit allem Drum und Dran. Solche Pflanzboxen

Minigewächshäuser sind sehr praktisch, unterstützen die Keimung und sind noch dazu ein richtig hübsches Dekoelement.

sind über eine App steuerbar und zeigen den Fortschritt des Pflanzenwachstums an. Sie erinnert euch auch daran, wenn es Zeit ist zu gießen. Die meisten Boxen verfügen über einen Wassertank mit Gießanzeige, eine LED-Leiste, kleinen Kuppeln. Startersets enthalten außerdem noch Substrat und verschiedenes Saatgut.

Selbstbewässerungstöpfe

Ihr fahrt in den Urlaub oder habt Sorge, beim Gießen etwas falsch zu machen? Dann sind Blumentöpfe mit Wasserreservoir genau das Richtige für euch. Über eine Anzeige seht ihr genau, wie viel Wasser noch drin ist oder ob es Zeit wird, wieder aufzufüllen.

Noch mehr Gadgets

Manche Pflanzen stellen auch mich noch vor ein Rätsel, wenn es um das Gießverhalten geht. Dafür habe ich mir einen Feuchtigkeitsmesser gekauft und kann damit überprüfen, wie feucht das Substrat noch ist. Das ist wirklich hilfreich und sehr empfehlenswert!

Sind die Lichtverhältnisse in eurer Wohnung nicht optimal, könnt ihr euch mit Pflanzenlampen behelfen, die es in verschiedenen Größen und Preisklassen gibt. Wichtig ist die Kelvinzahl. Sie sollte bei 5000 K bis 6500 K liegen, denn diese Lichtfarbe entspricht dem Tageslicht und wird als reinweiß oder kaltweiß bezeichnet. Die Pflanzenlampen sollten mindestens 10 Stunden täglich eingeschaltet sein, damit eure grünen Lieblinge nicht unregelmäßig in Ruhephasen übergehen.

MICROGREENS, SPROSSEN, KEIMLINGE

Frisches Grün das ganze Jahr? Mit Keimlingen, Sprossen & Co. ist das möglich. Sie peppen jedes Gericht auf, stecken voller gesunder Nährstoffe und wachsen easy auf der Fensterbank.

DIE KLEINEN KRAFTPAKETE

Wer die Anzucht von Gemüse nicht abwarten kann, findet mit Microgreens, Keimlingen und Sprossen eine Beschäftigung zum Überbrücken.

Die winzigen Pflänzchen können das ganze Jahr über gezogen werden. Sie sind vor allem im Winter eine vitaminreiche Ergänzung für allerlei Gerichte und frischer und günstiger als die gekauften Boxen aus dem Supermarkt. Die Fensterbank oder die helle Küchenzeile reichen zur Anzucht vollkommen aus. Microgreens, Sprossen und Keime brauchen nur wenig Platz und stellen keine großen Ansprüche. Ihr könnt sie selbst in eurem WG-Zimmer anbauen. Spezielle Erden oder Substrate benötigt ihr nicht.

S wie Superfood

Zu Recht werden sie als Superfood bezeichnet. Die kleinen Kraftpakete bereichern eure Küche mit tollen Farben, Formen und unterschiedlich würzigen und intensiven Geschmäckern. Ob im Salat, Smoothie oder auf dem Pausenbrot, sie sind gesund, lecker und knackig frisch.

Aus fast allen Samen von Kräutern oder Gemüsepflanzen könnt ihr Microgreens, Sprossen bzw. Keimlinge ziehen. Im so frühen Stadium des Wachstums enthalten sie einen besonders hohen Anteil an sekundären Vitalstoffen. Sie sind vor allem reich an Kalzium, Eisen, Senfölen, Bitterstoffen und Spurenelementen.

Gut gesät ist halb gewachsen

Ihr habt eine große Auswahl an speziellem Saatgut, könnt allerdings auch die Keimlinge der meisten Gemüsepflanzen und Kräuter verzehren. Präferiert aber bitte Samen in Bio-Qualität, um Schadstoffe zu vermeiden. Auch hier wird in Licht- und Dunkelkeimer unterschieden. Ich verwende hauptsächlich ein Sprossensieb und Keimgläser und greife daher auf Lichtkeimer zurück.

Sprossen und Keimlinge

- Kräuter: Sesam, Borretsch, Koriander, Dill
- Gemüse: Sojabohne, Linsen, Rotkohl, Rucola, Rettich, Brokkoli, Erbsen, Rote Bete
- Sonstige: Sonnenblume, Senf, Alfalfa, Bockshornklee, Mungbohnen, Buchweizen, Quinoa, Amarant, Weizen, Kresse

Microgreens

- Kräuter: Basilikum, Koriander, Kerbel, Minze, Petersilie, Ampfer, Dill, Kresse
- Gemüse: Blumenkohl, Brokkoli, Rotkohl, Fenchel, Frühlingszwiebel, Mangold, Pak Choi, Radieschen, Rucola, Rote Bete
- Sonstige: Amarant, Senf, Sonnenblume, Buchweizen

So ein Kresssesieb ist bei der Anzucht von Microgreen sehr nützlich. Mit den Keimlingen lassen sich damit kinderleicht Microgreens anbauen.

Anbaumethoden

Es gibt verschiedene Möglichkeiten und Gadgets rund um den Anbau. Viele Samen eignen sich z. B. für die Kultivierung von Keimlingen und Sprossen auf Wasserbasis. Microgreens wachsen ohne Erde, entwickeln sich aber auch sehr gut auf etwas Substrat. Egal für welche Anbaumethode ihr euch entscheidet, die Samen sollten vorher mehrmals gründlich mit Wasser abgespült und für 10–12 Stunden eingeweicht werden. Anschließend wird das Wasser abgegossen und schon kann es losgehen mit der Anzucht.

Ein Kressesieb für das kleine Grün

Das Kressesieb ist für Microgreens perfekt geeignet. Es besteht aus einer flachen Schale und einem Sieb, das darübergelegt wird. Die aufgeweichten Samen werden dazu einfach auf dem Sieb verteilt und die Schale darunter so mit Wasser gefüllt, dass es das Sieb leicht berührt. Das Wasser wird täglich gewechselt und die Samen abgespült. Sind noch keine Wurzeln gebildet, dann besprüht die Samen besser, um sie nicht vom Sieb zu spülen. Mit den ersten Wurzeln hal-

Checkliste

Was ist was?

Die Übergänge sind fließend und die Kultivierungsarten ähnlich, trotzdem gibt es kleine feine Unterschiede zwischen Keimlingen, Sprossen und Microgreens.

Keimlinge und Sprossen unterscheiden sich eigentlich nur durch ihr Alter: Aus einem Samen wächst manchmal schon nach 1–2 Tagen ein Keimling und der entwickelt sich zur Keimsprosse oder Sprosse. Sprossen sind meist nur 4–6 Tage alt und haben die ersten Keimblätter und einen kleinen Pflanzenspross ausgebildet, also nur wenig Grün.

Als Microgreens werden zu spät geerntete Sprossen bezeichnet. Hier sind meist 7–14 Tage vergangen. Es haben sich schon die ersten kleinen Laubblätter und winzige Wurzeln gebildet. Viele Microgreens werden gleich auf Matten, Vliesen oder in Erde kultiviert.

ten sich die winzigen Triebe am Sieb fest und das Spülen ist einfacher. Am Boden der Schale bleibt nun so viel Wasser stehen, dass die Wurzeln sich versorgen können. Je nach Sorte kann nach 3–12 Tagen geerntet werden. Dazu schneidet ihr einfach kurz über dem Sieb die kleinen Pflänzchen ab und verzehrt sie am besten sofort.

Ein Glas für die Sprossen

Für die Anbaumethode im Sprossenglas könnt ihr euch fertige Keimgläser kaufen oder einfach selber welche machen. Dazu benötigt ihr nur ein Konservenglas, ein Gummi, ein feines Gitter oder Gaze und ein Trinkglas zum Auffangen überschüssigen Wassers.
Die Samen werden in das Glas gegeben, sodass der Boden gut bedeckt ist, mit dem Deckel oder dem Stück Gaze verschlossen und bis zur Ernte ein- bis zweimal täglich gespült. Damit überschüssige Feuchtigkeit abtropfen kann, könnt ihr das Glas entweder in das dafür vorgesehene Gestell legen oder schräg in ein passendes Trinkglas stellen. Vermeidet direkte Sonneneinstrahlung. Nach 3–7 Tagen ist dann Erntezeit.
Microgreens eignen sich für diese Anbaumethode nicht. Auch Kresse ist nicht geeignet, da die Samen zu schleimig sind.

Papier geht auch

Es reicht eine Schale oder auch Auflaufform, die mit 2–3 Lagen befeuchtetem Küchenpapier ausgelegt wird. Darauf werden die Samen dann reichlich verteilt. Für die ersten

Tage können Dunkelkeimer abgedeckt werden. Bei dieser Methode ist es sehr wichtig, dass das Papier nicht austrocknet. Es ist ein bisschen aufwendig, ständig mit der Sprühflasche ranzumüssen. Langsam keimende Samen eignen sich deshalb nicht so gut. Für die schnell wachsende Kresse ist diese Anzucht aber perfekt. Schon nach wenigen Tagen wird sie einfach mit einer Schere oder einem scharfen Messer abgeschnitten.

Keimung und Wachstum auf Erdbasis

Vor allem wenn ihr Microgreens ernten wollt, eignet sich die Anzucht mit Substrat sehr gut. Flache Schalen oder die Schachteln von gekauftem Gemüse werden mit einer 3–4 cm dünnen Schicht Anzucht- oder Kräutererde für die Aussaat vorbereitet. Achtet darauf, dass kleine Löcher im Boden vorhanden sind, damit Gießwasser abfließen kann. Die vorgeweichten Samen werden darüber verteilt und immer etwas feucht gehalten. Eine Sprühflasche ist dafür gut geeignet.

Die Erde kann nicht erneut für eine Anzucht verwendet werden. Microgreens geben wachstumshemmende Stoffe in den Boden ab und machen es so für Folgesaaten schwierig. Ihr könnt die Erde aber großflächig in die Töpfe eurer Gemüsepflanzen geben.

Ernteglück

Keimlinge und Sprossen zählen zum genialsten Grünzeug, das ich kenne. Nach wenigen Tagen kann schon geerntet und verzehrt werden, und zwar alles; es gibt keine Reste. Das ist wirklich nachhaltig. Microgreens werden geerntet, sobald das erste Laubpaar ausgebildet ist. Mit einem scharfen Messer oder einer Schere werden die Pflanzen kurz über den Wurzeln abgeschnitten und werden dann am besten direkt verarbeitet.

Keimlinge und Sprossen aus dem Glas werden einmal abgewaschen. Danach könnt ihr sie im Ganzen, also mit Samen und Wurzeln, gleich verspeisen.

Ich habe eine Extraschere nur für die Ernte von Keimsprossen & Co. Sie wird nach jedem Schneiden immer gut gereinigt.

Checkliste für den Anbau von Keimsprossen und Microgreens

Die Samen von Gemüse und Kräutern keimen und entwickeln sich unterschiedlich. Die einen sind ganz schnell, andere lassen sich Zeit. Die beiden Tabellen könnt ihr euch kopieren und ausdrucken. Hängt sie euch für den schnellen Überblick am besten dorthin, wo die Sprossen und Microgreens kultiviert werden.

Keimlinge und Sprossen

Art	Einweichzeit	Keimdauer ca.	Ernte nach ca.	Geschmack
Alfalfa	6–8 Stunden	1–2 Tage	3–5 Tagen	mildherb, nussig
Brokkoli	8 Stunden	2–3 Tage	6 Tagen	curryähnlich
Bockshornklee	8 Stunden	2–3 Tage	6 Tagen	curryähnlich
Mungbohnen	12 Stunden	1–2 Tage	3–5 Tagen	süßlich
Radieschen	10 Stunden	2 Tage	7 Tagen	pikant würzig
Rauke	10 Stunden	2 Tage	3–5 Tagen	nussig pikant
Rote Bete	10 Stunden	1–2 Tage	4–6 Tagen	leicht erdig
Senf	10 Stunden	1–2 Tage	4–6 Tagen	leicht scharf

Microgreens

Art	Einweichzeit	Ernte nach ca.	Geschmack
Basilikum	–	14–20 Tagen	wie Basilikum
Brokkoli	–	7–10 Tagen	würzig pikant
Buch-weizen	12 Stunden	7–14 Tagen	mild nussig
Kohlrabi	–	7–14 Tagen	kohlartig
Mangold	8 Stunden	14–20 Tagen	wie Spinat und Rote Bete
Radieschen	–	7–11 Tagen	fein bis scharf
Schnitt-knoblauch	–	12–20 Tagen	wie Knoblauch oder Bärlauch
Sonnen-blume	8–10 Stunden	8–14 Tagen	leicht nussig

ANLEITUNG

KLEIN, ABER OHO! KEIMLINGE SELBER ZIEHEN

Vor allem in den Wintermonaten hat unser Immunsystem Vitamine und Mineralstoffe zur Stärkung der Abwehr besonders nötig. Wie praktisch, dass wir sie in Form von Keimlingen & Co. auf der Fensterbank anbauen können. Bereits die Keimlinge stecken voller Power und sind eine aromatische Ergänzung für Suppen, Salate oder Brote. Sie sind die Vorentwicklung von Sprossen und sind sehr leicht anzuziehen.

Ihr benotigt:
Saatgut
Keimglas mit Siebdeckel oder DIY-Glas
Abtropfgestell oder Trinkglas
Sprühflasche

1

1. **Samen nach Anleitung** auf der Tüte 8–12 Stunden in Wasser einweichen und danach noch einmal abspülen. Es reichen ein bis zwei Teelöffel oder so viel, dass der Boden vom Glas bedeckt ist.

2. Gebt die Samen danach in das saubere Glas. Wenn ihr die Geduld habt, dann sortiert die nicht aufgequollenen aus, schraubt den Deckel auf das Glas oder befestigt die Gaze mit einem Gummi. Stellt das Glas, wenn vorhanden, auf das Gestell oder so in ein Trinkglas, dass überschüssige Feuchtigkeit abtropfen kann. Ein warmer, heller Ort ist zum Keimen optimal.

3. Zweimal pro Tag solltet ihr mit frischem Wasser spülen. Gießt das Spülwasser immer einfach durch das Sieb aus und stellt das Glas zum Abtropfen zurück auf das Gestell.

4. Ihr könnt ernten, sobald die Samen gekeimt sind, das kann schon nach 2 Tagen so weit sein.

ANLEITUNG

LECKERE SPROSSEN EINFACH GEZOGEN

Bevor es losgeht, müsst ihr das Glas für die Sprossenzucht unbedingt sorgfältig reinigen. Auch die Samen müssen vorher gut gespült werden.

1

1. **Samen nach Anleitung** auf der Tüte 8–12 Stunden in Wasser einweichen und danach noch einmal abspülen. Es reicht ein Teelöffel oder so viel, dass der Boden bedeckt ist. Gebt die Samen danach in das saubere Glas. Wenn ihr die Geduld habt, dann sortiert die nicht aufgequollenen aus und schraubt den Deckel drauf oder befestigt die Gaze mit einem Gummi.

2

2. Stellt das Glas, wenn vorhanden, auf das Gestell oder abgeschrägt in ein Trinkglas und an einen warmen, hellen Ort.

3

3. Ab jetzt wird das Keimglas mindestens zweimal pro Tag mit frischem Wasser gespült. Gießt das Spülwasser immer einfach durch das Sieb aus und stellt das Glas zum Abtropfen zurück auf das Gestell.

4

4. Ihr könnt nach ca. 7 Tagen die Sprossen verzehren. Spült sie vorher aber noch einmal ab.

ANLEITUNG

KLEINES GRÜN – VIELE INHALTSTOFFE

Die Samen können auf Anzucht- und Kräutererde, Kokosmatten, Hanffasern oder anderen Naturmaterialien angebaut werden. Nährstoffreiches Substrat wirkt sich gut auf den Geschmack aus. Die optimale Temperatur liegt bei 18–22 °C.

1

1. **Größeres Saatgut** wird vor der Anzucht 10–12 Stunden über Nacht eingeweicht und danach noch einmal gründlich abgespült. Der Boden der Anzuchtschale wird 2–4 cm hoch mit Substrat befüllt und leicht angedrückt. Die Oberfläche sollte möglichst ebenmäßig sein.

2. **Bringt das Saatgut** dicht auf der Erde aus, aber achtet darauf, dass die Samen nicht übereinanderliegen. Es darf zwischendrin Substrat zu sehen sein. Um die Samen in Erdkontakt zu bringen, werden sie leicht angedrückt. Mit einer Sprühflasche werden die Samen befeuchtet und dürfen während ihrer Keimzeit nicht austrocknen.

3. **Je nach Saatgut** wird die Schale nun für 3–4 Tage mit einem lichtundurchlässigen Tuch abgedeckt, um die Luftfeuchtigkeit hochzuhalten. Für Lichtkeimer bleibt die Schale offen.

SPECIAL

Tipps & Tricks

Hygiene ist das A & O

Ihr wacht morgens auf, freut euch auf ein Brot mit Sprossen und irgendwas ist komisch? Die Anzucht ist zwar relativ einfach, aber es kann auch manches schiefgehen und schon ist ein Glas Sprossen hin oder die Kressesamen mit Schimmel überzogen. Ganz wichtig ist sauberes Arbeiten. Bevor ihr mit den Utensilien und dem Saatgut hantiert, deshalb gründlich die Hände waschen. Genauso müssen die Samen vorher sorgfältig abgespült werden. Keime verbreiten sich im feuchten Milieu, wie einem Sprossenglas oder Kressesieb, sonst sehr schnell.

Passendes Saatgut nutzen

Quinoa, Kresse und Rucola sind schleimige Kandidaten. Sie verwandeln sich schnell in eine glitschige Angelegenheit, wenn sie aufgeweicht werden. Das Spülen könnt ihr bei ihnen und sehr kleinen Samen also weglassen. Der Schleim, der sich bildet, macht eine Weiterverwendung nämlich unmöglich.

Schimmel? Nein danke!

Seht euch eure Aufzucht immer genau an. Nehmt ihr einen modrigen Geruch wahr oder seht ihr Schimmel, dann solltet ihr alles entsorgen und noch mal von vorn beginnen. So schützt ihr euch vor Keimen und gesundheitlichen Problemen. Weißer Flaum rund um die Wurzeln ist allerdings nicht gleich Schimmel, wird aber schnell damit verwechselt. Es handelt sich hierbei meistens bloß um Feinwurzeln, die kein Grund zur Sorge sind. Also genau hinschauen, bevor etwas weggeschmissen wird. Habt ihr zu viel Samen auf einmal verwendet, kann durch Platzmangel Schimmel entstehen. Verteilt die Samen lieber auf 2 Gläser oder Siebe, sollte es euch vorher auffallen.

Wasser ist nicht gleich Wasser

Sprossen und Co. sollten immer mit frischem Leitungswasser gegossen und gespült werden. Abgestandenes Wasser, Regenwasser oder aufgefangenes Wasser vom Gemüseputzen kann unter Umständen mit Keimen kontaminiert sein. Sie können sich schnell vermehren und zu Problemen führen.
Spülen muss sein, damit sich keine schädlichen Keime entwickeln können. Dadurch kommt aber eine gute Menge Wasser zusammen. Fangt dieses Wasser auf. Ihr könnt damit beispielsweise eure Zimmer- oder Balkonpflanzen gießen.

Sieb selbst machen

Habt ihr kein Fliegengitter oder Gaze daheim, könnt ihr auch den Deckel des Konservenglas zu einem Sieb umfunktionieren. Stecht mit einem Hammer und einem sehr dünnen Nagel viele kleine Löcher in den Deckel. Schon habt ihr ein passendes Schraubsieb.

Nicht zum Verzehr geeignet

Vorsicht bei Nachtschattengewächsen! Paprika, Tomaten, Chili und Auberginen sind nicht für den Anbau als Sprossen oder Microgreens geeignet. Sie enthalten für uns Menschen giftiges Solanin.

Avocado-Brötchen

- Vegetarisch oder vegan
- Zutaten für 2 Brötchen
- Zubereitungszeit etwa 15 Minuten

1 Avocado
1 Knoblauchzehe
1 Schuss Zitronensaft
Salz, Pfeffer
2 Brötchen nach Wahl, z. B. Vollkornbrötchen
Butter oder vegane Alternative
8 dünne Gurkenscheiben
Microgreens nach Wahl

1. Für die Avocadocreme die Avocado längs bis zum Kern einschneiden, gegeneinander drehen, sodass sich die beiden Hälften vom Kern lösen, diesen entfernen und das Fruchtfleisch mit einem Löffel herausholen. Mit dem klein gehackten Knoblauch mischen, etwas Salz und Pfeffer sowie Zitronensaft zugeben und alles gut vermengen, bis ein gleichmäßiger Aufstrich entsteht.

2. Die Brötchen halbieren, jede Hälfte mit Butter bestreichen, die 2 unteren mit je 4 Gurkenscheiben belegen. Etwas von der Avocadocreme und Microgreens oder Sprossen nach Wahl darauf verteilen. Mit den oberen Hälften belegen.

Die Sprossenküche

Keimlinge, Sprossen und Microgreens sind mehr als nur ein Hingucker und machen sich nicht nur gut auf dem Pausenbrot. Ihre Verwendung ist so vielseitig wie sie selbst. Der Anbau lohnt sich allemal. Ich mag sie zu fast allem gern. Egal ob Burger, Wrap oder Brötchen.

Salatissimo

Für Geschmack und viele gesunde Inhaltsstoffe sorgen die kleinen Sprossen oder Microgreens garantiert im Salat. Egal ob ihr es nussig mild oder würzig pikant mögt. Eine Handvoll über einen Salatteller geht immer. Hier könnt ihr aus dem Vollen schöpfen und dazutun, wonach euch gerade ist.
In Hauptgerichten schmecken Sprossen auch supergut. In vielen asiatischen Gerichten sind z. B. Mungbohnensprossen oder Sojasprossen ein fester Bestandteil. Wie wäre es mit einem veganen Pad Thai oder selbst gemachter Pho? Es empfiehlt sich für beide Sprossenarten, sie vor dem Verzehr zu blanchieren. Sprossen und Keimlinge könnt ihr außerdem zu vielen Reisgerichten und Omeletts reichen. Vor dem Verzehr müssen sie immer gut gewaschen werden.

Pimp your food

Die recht scharfen Rettichsprossen sind großartig zu cremiger Kokos- oder Kürbissuppe oder einfach als Topping zum Salat. Oder wie wäre es mit Spargelsuppe und Kresse? Im Dip oder Kräuterquark sind Kresse und Microgreens eine aromatische Einlage und euer Müsli könnt ihr mit nussig schmeckenden Keimlingen pimpen; da passen Buchweizenkeimlinge sehr gut. Auch Sonnenblumenkeimlinge sind eine sättigende Ergänzung. Den morgendlichen Beerensmoothie könnt ihr ganz einfach mit Senfkresse, Rote-Bete-Sprossen oder Sonnenblumenkeimlingen noch aromatischer und gesünder machen.

LASS ES WACHSEN – REGROWING

Less food waste – um noch weniger wegschmeißen zu müssen, könnt ihr so manche Gemüsereste neu beleben und zu würzigen Beilagen heranwachsen lassen. Ein Trend, der viel verspricht, aber klappt das auch?

REGROW YOUR VEGGIES

Ab sofort kommen die meisten Küchenabfälle nicht mehr auf den Müll, sondern mit ein bisschen Geduld wieder auf den Teller.

Das Konzept klingt erst einmal vielversprechend: Gemüsereste mit wenig Aufwand unendlich nachwachsen lassen und dabei die Lebensmittelverschwendung reduzieren. Das geht, indem nach der Ernte bestimmte Gemüsereste „wiederbelebt" werden. Verschiedene Pflanzenteile sind nämlich auch weiterhin noch in der Lage, Feuchtigkeit aufzunehmen und weiterzuwachsen. Diese Eigenschaft macht sich das Regrowing zunutze.

Und wie soll das funktionieren?

Hinter dem Regrowing verbirgt sich eigentlich das Prinzip der Stecklingsvermehrung. Dabei werden z. B. Ableger von Pflanzen geschnitten, um diese neu zu bewurzeln und zu eigenständigen Gewächsen heranwachsen zu lassen. Eine gängige Praxis vor allem für Zimmerpflanzen. Beim Regrowing geht es aber vor allem darum, die Reste von Ge-

Salat wächst im Wasserbad auf der Fensterbank ganz fix und zuverlässig nach und kann schon nach kurzer Zeit erneut geerntet werden.

Für die Gefäße zum Regrowen von »grünen« Resten könnt ihr Vorhandenes im Haushalt nutzen und erfinderisch werden, indem ihr Dinge wie z. B. PET-Flaschen upcycelt.

müse weiter oder neu sprießen zu lassen. Wächst aus Resten saftiges Grün, ist es besonders reich an Chlorophyll, ein Farbstoff, der auch als Blattgrün bezeichnet wird. Chlorophyll hat eine antioxidative und entgiftende Wirkung und ist gesund.

Das Vorgehen ist einfach und hat Gelinggarantie. Was ihr fürs Regrowing benötigt, ist superwenig; sicher habt ihr alles gleich zur Hand. Es braucht nämlich nicht mehr als Gemüsereste, frisches Wasser, ein Glas und ein bisschen Platz auf der Fensterbank. Nach wenigen Tagen könnt ihr es bereits sprießen sehen. Wie bei der Aufzucht und Pflege von Gemüse haben auch eure Regrowpflanzen unterschiedliche Ansprüche an Standort und Temperatur. Generell sollte es aber hell und warm sein.

Mit dieser Methode für die Fensterbank werdet ihr zwar keine Selbstversorger und könnt Gemüse nicht vollständig neu wachsen lassen, aber es ist eine witzige Art, Gemüsereste nicht zu verschwenden. Vor allem Kinder werden ihren Spaß daran haben.

So wird's gemacht

Statt Strunk und Co. in die Tonne zu werfen, nehmt euch ein Glas mit frischem Wasser zur Hand und los geht's. Einigen Gemüseresten genügt es, wenn sie in ein Glas gestellt werden und regelmäßig frisches Wasser erhalten. Frühlingszwiebeln und Knoblauch schießen so relativ schnell frisches Grün nach. Die bewurzelten Enden von Lauch und Co. könnt ihr auch in einen Topf mit Anzuchterde stecken und so zum kräftigen Weiterwachsen anregen. Die Ergebnisse sind bei dieser Variante noch ein bisschen besser, denn allein von Wasser können sich Pflanzen nicht ernähren. Ein paar Nährstoffe braucht es da schon.

REGROWING: SALAT

Er ist knackig, knallgrün und gehört zu den beliebtesten Sorten – Romanasalat. Zum Regrowen ist er bestens geeignet.

Im Supermarkt begegnet er euch in verschiedenen Größen und oft gleich im Dreiergespann. Als beliebte Salatsorte ist der Romanasalat Dauergast auf meinem Teller. Von ihm bleibt meist nur noch der Strunk übrig. Und den könnt ihr leicht zum Nachwachsen bringen, wenn ihr beim nächsten Zubereiten einfach 5 cm vom Strunk übrig lasst.

So funktioniert die Wiederbelebung

Ihr benötigt:
1 Glas, Teller oder flache Schale
Wasser
Blumentopf
Gemüseerde

Bevor es losgeht, wird überprüft, ob der Strunk geeignet ist. Es sollte eine glatte runde Fläche an der Unterseite vorhanden sein. Stellt den Strunk mit der glatten Seite nach unten zur Hälfte in ein mit etwas Wasser gefülltes Glas oder einen Unterteller. Achtet dabei darauf, dass kein Wasser über oder an die Blätter kommt, das fördert Fäulnis. Austrocknen ist aber auch keine Option. Das Glas am besten an einen hellen Ort stellen und das Wasser alle paar Tage gegen frisches austauschen.

Erstes Grün

Nach wenigen Tagen, spätestens nach 10 Tagen, sollten sich erste zarte Wurzeln und neues Blattgrün zeigen. Bildet sich in der Mitte ein harter Trieb mit kleinen Blättern aus, dann brecht diesen ab. Hier entsteht eine Blüte, die den Salat bitter werden lässt. Nun ist es an der Zeit, dass der Salat in einen Topf mit Erde umzieht. Er darf dabei nicht zu tief eingepflanzt werden, die Blätter sollten nicht mit Erde bedeckt sein. Auf einem hellen Fensterbrett wachsen in weni-

Nach wenigen Tagen im Wasserglas darf der Salatstrunk samt frischem Grün in einen Topf mit Erde umziehen und kann dort weiterwachsen.

gen Wochen große, frische Blätter nach, die darauf warten, zu eurem Lieblingssalat zubereitet zu werden. Tauchen zwischendurch welke Blätter auf, solltet ihr sie entfernen, um Keim- und Fäulnisbildung zu verhindern.

Schon ist Erntezeit

Für die Ernte bieten sich zwei Möglichkeiten an: Entweder ihr erntet gleich den gesamten Kopf oder ihr schneidet mit einem scharfen Messer die äußeren Blätter vorsichtig ab. Verletzt dabei nicht das Salatherz, damit ein Weiterwachsen möglich ist.

Ran an die Köpfe

Nicht nur Romanasalat eignet sich zum Regrowing, ihr könnt alle Kopfsalatsorten weiterwachsen lassen. Egal Eichblatt- oder Eisbergsalat, Lollo Rosso oder Lollo Bionda. Auch bei Chicorée, Endivie oder Pflücksalat gelingt es, neues Grün wachsen zu lassen. Geht dabei genauso vor wie oben beschrieben. Kleine Pflanzen wie Rucola oder Feldsalat lassen sich nicht so gut zum Nachwachsen verleiten. Einen Versuch ist es aber bestimmt einmal wert. Wer vom Regrow-Fieber erfasst ist, wird es bestimmt ausprobieren.

REGROWING: VON FRÜHLINGS-ZWIEBELN BIS LAUCH

Zu den Klassikern unter dem Regrow-Gemüse zählen die lauchartigen Pflanzen von Frühlingszwiebeln bis Porree. Sie sind dankbare Neuaustreibende.

Beim gemeinsamen Kochen mit Freunden oder der Familie bin ich oft schockiert darüber, wie viel beim Putzen von Frühlingszwiebeln übrig bleibt und nicht verwendet wird. Vor allem der Strunk wird meistens großzügig weggeschnitten, obwohl der mir am besten schmeckt. Aber über Geschmack lässt sich ja bekanntlich nicht streiten.

So wird kultiviert

Der Strunk der Frühlingszwiebel ist supergeeignet, um sattes Lauchgrün nachwachsen zu lassen. Schneidet ihn nicht zu knapp über dem Wurzelansatz ab und lasst 1–2 cm übrig, dann klappt es bestimmt. Wichtig ist, dass der Wurzelansatz nicht austrocknet und die Wurzeln nicht verkümmern.

Lasst den Lauch regrowen

Porree, der auch Winterlauch, Breitlauch, Welschzwiebel oder Aschlauch genannt wird, gehört zu meinen absoluten Lieblingen. Er stammt ursprünglich aus dem Mittelmeerraum, ist sehr gesund und enthält u.a. Eisen, Kalium, Folsäure, Magnesium und B-Vitamine. Von August bis November ist Erntesaison. Vor allem im Herbst gibt es bei mir einmal in der Woche einen Kartoffel-Porree-Auflauf oder eine kräftige Gemüsebrühe.

So wird's gemacht

Lasst vom Porree ca. 2 cm vom Strunk übrig und setzt ihn zur Hälfte in ein Glas mit frischem Wasser. Schon am nächsten Tag könnt ihr in der Regel sehen, dass der Strunk

neu austreibt. Das Wasser solltet ihr täglich wechseln, um unangenehmen Gerüchen und Keimen vorzubeugen.
Wenn sich nach einer Woche am Wurzelansatz kleine Wurzeln sehen lassen, dann könnt ihr den Strunk in Erde umtopfen. Lasst ihn dazu ein bisschen aus dem Substrat gucken und haltet es regelmäßig feucht. Ein heller Standort ist von Vorteil und ihr könnt nach ein paar Tagen bis 2 Wochen frisches Porreegrün ernten.

Lauch gehört zu meinem Lieblingsgemüse. Strünke, die beim Putzen ja immer anfallen, kommen bei mir für eine zweite Nutzung immer in Erde.

Lass das Lauchgrün sprießen

Wasser oder Erde – das ist die Frage, die ihr euch stellen solltet. Denn diese beiden Möglichkeiten gibt es, um Frühlingszwiebeln, aber auch Lauch bzw. Porree wieder wachsen zu lassen.

› Ihr benötigt ein mit etwas Wasser gefülltes Trinkglas und stellt je nach dessen Größe 2–3 Frühlingszwiebelreste hinein. Das Glas an einem hellen Ort platzieren und das Wasser mindestens alle 2 Tage gegen frisches austauschen. Ihr könnt schon nach wenigen Tagen nachgewachsenes Grün ernten.

› Alternativ könnt ihr kleine Blumentöpfe mit Anzuchterde füllen und die Reste mit ausreichend Platz hineinsetzen. Gebt sie nur so tief in die Erde, dass sie noch einen Fingerbreit rausgucken. Die Ernte fällt in Erde ein wenig ergiebiger aus. Das Substrat sollte locker und etwas sandig sein. Ihr könnt auch Komposterde untermischen. Stellt den Topf an einen hellen Ort und haltet das Substrat stets feucht, aber nicht zu nass.

› Beide Vorgänge lassen sich übrigens über einen längeren Zeitraum wiederholen. Ihr könnt ein und denselben Strunk mehrfach nachwachsen lassen.

Über Nacht zeigt sich bei Frühlingszwiebeln bereits das erste frische Grün.
Ab jetzt könnt ihr beim Wachsen zusehen und staunen.

› Nach ein paar Tagen könnt ihr das nachgewachsene Blattgrün ernten und wie gewohnt verarbeiten. Wenn ihr bemerkt, dass die Pflanzen zu schnell und dünn in die Höhe schießen, dann schneidet sie lieber noch einmal ab. Es könnte sein, dass sie eine Blüte austreiben. Wenn das der Fall ist, leidet der Geschmack oder sie sind gleich ganz ungenießbar.

Haben sich Wurzeln gebildet, dann schleunigst ab damit in einen Topf mit Erde.

BASILIKUM BEWURZELN

Basilikum im Topf wächst bei guter Pflege sehr schnell. Manchmal so fix, dass ihr mit dem Ernten nicht hinterherkommt? Ihr könnt die Triebspitzen abschneiden und ihn so ganz einfach vermehren.

1. Schneidet nun von eurem Basilikum mit einer sauberen, scharfen Schere lange Stiele ab. Sie sollten etwa 8 cm lang sein. Die unteren Blätter werden entfernt.

2

2. Nehmt ein Glas mit frischem Leitungswasser und stellt die Stiele hinein. Das Wasser sollte regelmäßig getauscht werden.

ANLEITUNG

ZWIEBELN REGROWEN

Für mich gilt bei Zwiebeln: Je mehr, desto besser. Eigentlich geht es kaum ohne sie. Zwiebeln sind fester Bestandteil in meiner Küche und werden ständig verwendet. Dabei fallen natürlich einige Reste an, die weiter verwertet werden können. Anders als bei dem meisten anderen Regrow-Gemüse werden Zwiebeln und auch Knoblauch allerdings nicht in Wasser aktiviert. Für sie ist das Weiterwachsen in Erde besser geeignet und führt zu kräftigem Wuchs. Gut für eure Mahlzeiten!

1

1. **Bei Zwiebeln** wird der untere Teil mit dem Wurzelende verwendet und direkt in Erde gesteckt. Hier sollten noch 1–2 cm von der Zwiebel übrig sein.

2

2. **Pflanzt das komplette Stück** mit dem Wurzelansatz nach unten etwas tiefer in einen Topf mit Erde und bedeckt es vollständig mit dem Substrat.

3

3. **Den Topf** stellt ihr idealerweise an einen sehr sonnigen Ort. Besonders wichtig ist, dass die Erde regelmäßig feucht gehalten wird und nicht austrocknet. Staunässe sollte vermieden werden. Nach wenigen Wochen ist das Zwiebelgrün erntereif.

REGROWING: KAROTTENGRÜN UND ROTE BETE

Richtig gelesen. Karottengrün nachwachsen zu lassen lohnt sich. Und wie wäre es mit leckerem Rote-Bete-Grün? Einfach alles ausprobieren.

Karottenwurzeln lassen sich nicht so einfach regrowen, das Grün aber schon. Da das Karottengrün hervorragend schmeckt und z. B. als Pesto verarbeitet oder in Smoothies verwendet werden kann, lohnt sich das Nachwachsenlassen auf jeden Fall. Ganz ähnlich ist das bei Rote Bete. Die leckeren neuen Blättchen könnt ihr im Salat, in Pestos und Smoothies verwenden. Für das Regrowing eignet sich daneben noch eine Vielzahl von Wurzelgemüsen, die mit der gleichen Methode zum Weiterwachsen angeregt werden können.

An die Karotte, fertig, los

Die Karotten mit Grün schneidet ihr ca. 2 cm unter dem Grünansatz ab und lasst auch vom Karottengrün genauso viel stehen. Ihr könnt es auch ganz ohne Grün versuchen, das dauert bloß ein wenig länger. Legt das Karottenstück in eine Schale oder Glas und füllt ein wenig mit Wasser auf. Der untere Teil der Karotte sollte im Wasser sein, die Karottenspitze noch herausgucken. Das Wasser wird alle 2–3 Tage gegen frisches Wasser getauscht. Bilden sich die ersten Wurzeln, dürfen die Karotten in Erde umziehen. Pflanzt sie dabei so ein, dass die Spitze einen Fingerbreit über dem Substrat steht. Nun braucht ihr 2–3 Wochen Geduld, bevor ihr frisches, sauberes Karottengrün ernten und verwerten könnt.

Ran an die Rote Bete

Gesund und rund, oval oder länglich versorgen euch die roten Rüben mit jeder Menge

Karottengrün-Pesto schmeckt hervorragend. Frisch eingetopft werden die Karotten bald Wurzeln schlagen und euch mit frischem Grün versorgen.

Die Blätter von Roter Bete sind nicht nur schmackhaft und gesund, sie sind auf der Fensterbank auch noch sehr dekorativ.

Nährstoffen wie Kalzium, Eisen, Magnesium sowie B- und C-Vitaminen. Sie stecken zwar voller guter Eigenschaften, aber zugegeben ist Rote Bete gar nicht mein Ding. Da ich aber nicht alleine lebe und die Geschmäcker unterschiedlich sind, landet ab und zu eine Rübe im Einkaufskorb. Und hier eignen sich die Reste gut, um das Rübengrün in Erde neu sprießen zu lassen. Die Stiele und Blätter enthalten übrigens mehr Vitamine als die Knolle und sind reich an Betacarotin. Als Zugabe in Salaten und Suppen bilden sie eine gesunde Ergänzung.

Ganz einfach zu regrowen

Die Rote Bete wird etwa 1 cm unterhalb des Blattansatzes abgeschnitten und in ein Glas oder auf einen Teller mit Wasser gestellt. Auf einer hellen Fensterbank sprießen nach wenigen Tagen Wurzeln und erstes Grün. Nun wird es Zeit für einen Topf mit Erde, in den die Rote Bete gesetzt wird, damit die Blätter sich kräftig weiterentwickeln können.

Steckt die Rote Bete in das Substrat und lasst den Blattansatz 1 cm rausschauen. Nun braucht ihr ein paar Wochen Geduld. Aber wie heißt es so schön: Rom wurde auch nicht an einem Tag erbaut! Haltet in dieser Zeit die Erde stets feucht und vermeidet Staunässe. Je nach Größe des Gefäßes sollten die Rote Bete nicht zu eng gepflanzt werden.

REGROWING: SÜSSKARTOFFEL

Süßkartoffeln landen bei mir mindestens einmal in der Woche auf dem Teller. Da ist es nur sinnvoll, zu regrowen und wiederzuverwenden.

Während bei Karotten keine komplette neue Rübe nachwächst, sieht das bei Süßkartoffeln ganz anders aus. Wie bei Kartoffeln können sich auch aus treibenden Süßkartoffelknollen neue Knollen entwickeln. Am besten eignen sich kleine Bio-Knollen zum Regrowen. Die beste Zeit hierfür ist Ende April. Wer den Pflanzkübel auf den Balkon stellen möchte, sollte unbedingt bis nach den Eisheiligen warten.

Let it grow

Damit das Regrowing funktioniert, benötigt ihr eine Kartoffel, die bereits Augen hat oder dabei ist, welche auszubilden. Schneidet mindestens 3 cm große Stücke mit je einem Auge ab. Das Kopfstück beginnt in der Regel schneller mit der Bewurzelung und dem Bilden grüner Triebe. Nun habt ihr 2 Möglichkeiten, um neue Süßkartoffeln

Gut befestigt mit 2-3 Zahnstochern zeigen sich im Wasserbad bei dem Süßkartoffelrest ganz bald die ersten Wurzeln.

wachsen zu lassen. Für beide benötigen die Kartoffeln aber unbedingt einen warmen und hellen Ort.

Die Wasservariante

Ihr benötigt:
1 Glas Wasser
1 Stück Süßkartoffel mit Augen
3 Zahnstocher

Steckt 3 Zahnstocher in jedes Kartoffelstück und setzt es mit dem Auge nach oben in ein Glas. Füllt nur so weit Wasser ein, bis das Stück Süßkartoffel zur Hälfte hineinragt. Schon bald zeigen sich erste Wurzeln und frisches Grün. Nach etwa 2 Wochen sollten die Wurzeln groß genug sein, dass ihr die Kartoffel aus dem Wasser nehmen könnt. Pflanzt sie dann in einen großen Kübel mit mindestens 30 l Volumen. Die Erde sollte immer etwas feucht, aber nie nass sein, hier ist etwas Fingerspitzengefühl gefragt. Jetzt heißt es nur noch: Geduld haben.

Anschließend kommt die Süßkartoffel in einen Topf mit feuchter Erde, kann Fuß fassen und kräftig weiterwachsen.

Die Erdvariante

Ihr benötigt:
1 passenden Topf mit Anzuchterde
1 Glashaube, z. B. aus Altglas
1 Stück Süßkartoffel mit Augen

Bei dieser Regrow-Methode werden die Kartoffelstücke ebenfalls zur Hälfte direkt in nährstoffarme Erde gesteckt, wobei das Auge nach oben zeigen sollte. Drückt die Stücke vorsichtig an, haltet die Erde leicht feucht und stülpt ein Glas darüber. Um für gute Luft zu sorgen, wird die Haube täglich für 5–10 Minuten abgenommen.
Nach etwa 14 Tagen sollten sich genügend Wurzeln gebildet haben und die Süßkartoffel kann in einen großen Kübel mit mindestens 30 l Volumen umziehen. Jetzt benötigt sie nährstoffreiches und lockeres Substrat. Staunässe muss vermieden werden. Wer sie auf dem Balkon kultiviert, sollte einen windgeschützten und sonnigen Platz für das Süßkartoffel-Regrowing suchen. Ernten könnt ihr, sobald das überirdische Laub vertrocknet ist.

Tipps & Tricks zum Regrowen

Einfach ausprobieren

Das Regrowing von Gemüse ist zwar relativ einfach, doch kann es auch hier zu Problemen kommen, wenn man nicht gut aufpasst. Der Schaden fällt allerdings geringer aus als bei der Gemüseaufzucht. Seht Regrowing als Experiment und probiert euch aus.

Unterkunft

Wer einen Wintergarten sein Eigen nennt, ist im Vorteil, denn der ist für die Anzucht hervorragend geeignet. Ein Minigewächshaus auf der Fensterbank bietet jedoch auch sehr gute Bedingungen. Stellt die Gläser oder Töpfe mit den nachwachsenden Gemüseresten einfach hinein, lüftet regelmäßig und vergesst nicht, das Wasser zu tauschen.

Mangelnde Hygiene und Schmutz

Den größten Fehler, den ihr machen könnt – und den bemerkt ihr relativ schnell –, ist, das Wasser nicht regelmäßig zu tauschen. Vor allem bei Frühlingszwiebeln bildet sich schnell ein unangenehmer Geruch und das Experiment ist gescheitert. Spätestens alle 2 Tage ist es schon nötig, neues Wasser einzufüllen und das Glas mit einem Tuch kurz auszuwischen. Bevor die Gemüsereste ins Wasser kommen, sollte sichergestellt werden, dass sich keine Erdreste oder welken Blätter an ihnen befinden. Andernfalls kann das auch zu Verunreinigung und Fäulnis führen.

Wasser ist nicht gleich Wasser

Regenwasser und aufgefangenes Wasser vom Gemüsewaschen eignen sich nicht zum Gießen. Es kann mit Keimen belastet sein, die eurer Gesundheit schaden. Hier ist außerdem die Gefahr von Schimmel- oder Algenbildung im Glas groß.

Zu wenig Licht

Vor allem in den dunklen Wintermonaten mangelt es an Licht. Das nachwachsende Gemüse ist aber auf Licht angewiesen. Ist der Standort zu dunkel, schießen Salat und Co. auf der Suche nach Licht als dünne Triebe in die Höhe. Für die Ernte kommt da dann nicht viel bei rum. Mit Pflanzenleuchten könnt ihr dem Gemüse geben, was es braucht.

DA GEHT NOCH MEHR

Die Regrowing-Methode beschränkt sich nicht allein auf die zuvor genannten Gemüse, auch Reste von Kräutern und anderen Gemüsearten lassen sich neu beleben.

Wenn ihr täglich für jede Menge Abwechslung auf dem Teller sorgt, dann könnt ihr fast ebenso viele Kräuter und Gemüse nachwachsen lassen. Die Methode funktioniert nicht bloß mit den Klassikern, sondern auch mit anderem Gemüse, dessen Grünkraut verzehrt werden kann.

Wurzel, Blatt oder Frucht – entdeckt die Möglichkeiten

Manchmal denke ich, dass ein Anbau nötig ist, um alles auszuprobieren. Es macht einfach unheimlich viel Freude, aus Gemüse- und Kräuterresten neues Grün zu ziehen. Und das schmeckt einfach umwerfend.

› Als Wurzelgemüse werden Pflanzen bezeichnet, die essbare Rübenwurzeln unter der Erde ausbilden. Unter ihnen gibt es einige Kandidaten, die sich gut für ein Regrowing eignen. Zu ihnen zählen Pastinaken, Knollensellerie, Kartoffeln, Süßkartoffeln, Ingwer, Topinambur, Rettich. Um sie nachwachsen zu lassen, geht ihr genau wie bei Regrowing von Karottengrün vor. Radieschen kann ich nicht guten Gewissens weiterempfehlen. Sie sind so klein und wenn die Hälfte der Knolle übrig bleiben muss, um nachwachsen zu können, dann lohnt es nicht.

› Kohl, Staudensellerie, Mangold, Pak Choi und Chinakohl gehören zum Blattgemüse und ihr könnt Reste davon regrowen. Bei diesen Arten geht ihr ebenfalls vor wie bei den Karotten. Nach der Bildung von Wurzeln im Wasser wechseln sie in Töpfe mit Substrat und wachsen weiter.

› Knoblauch gehört wie Porree, Zwiebeln und Frühlingszwiebeln zum Lauchgemüse und wird wie die Zwiebel ohne Wasserbad auf direktem Weg in Erde gepflanzt.

Das Grün von den verschiedensten Gemüsesorten lässt sich in einer Schale mit Wasser ganz einfach regrowen und weiterverarbeiten.

› Aus Kartoffeln, Süßkartoffeln und Topinambur könnt ihr mit etwas mehr Pflegeaufwand auch ganze Knollen nachwachsen lassen. Dazu die schon ausgetriebenen Kartoffeln halbieren und einige Tage trocknen lassen. Mit den Keimen nach oben werden sie dann einige Zentimeter tief in Substrat gepflanzt und regelmäßig gegossen.

› Bei Ananas braucht ihr unter Umständen sehr viel Geduld. Wirklich viel Geduld. Bis sich überhaupt ein Fruchtansatz zeigt, können Monate bis Jahre vergehen. Ist euer Geduldsfaden lang genug, probiert es gerne aus.

› Sämtliche folgende Fruchtgemüse eignen sich nicht fürs Regrowing: Tomaten, Kürbis, Gurken, Aubergine, Chili, Paprika, Melonen, Brokkoli, Blumenkohl, Zucchini, Linsen, Erbsen und einige weitere.

Ingwer ist ein Klassiker beim Regrowing. Kleine, schon ältere oder vertrocknete Knollenstücke treiben schnell und zuverlässig aus.

HYDROPONIK

Die Methode ist nicht neu, aber doch sehr viel weiter entwickelt. Gemüseanbau im großen Stil ist so möglich, es geht aber auch zu Hause. Gemüseanbau ganz ohne Erde – das ist Hydroponik.

WACHSEN LASSEN NUR MIT WASSER

Hydroponik ist eine saubere Sache, man spart sich das Gießen und kann auf kleinstem Raum Gemüse und Kräuter ziehen.

Das Verfahren ist relativ simpel: Erde wird durch Wasser ersetzt. Pflanzen können tatsächlich vollkommen ohne Substrat auskommen, Licht, Luft und Nährstoffe benötigen sie jedoch trotzdem. Außerdem muss die Temperatur stimmen, damit die Pflanzen gedeihen und Früchte tragen. Über das Wasser werden sie mit Nährstoffen versorgt. Außerdem ist es auch möglich, die Pflanzen in einem anorganischen Substrat wachsen zu lassen.

Vorteile und Nachteile

Hydroponik bringt einige Vorteile mit sich. Der Anbau ist auf engem Raum möglich und ihr könnt Gemüse das gesamte Jahr über anbauen. Ihr seid saison- und wetterunabhängig. Dabei könnt ihr das Wachstum über das Licht und die Zufuhr von Nährstoffen genau kontrollieren. Wurzelfäule kann besser vermieden werden und durch verdunstendes Wasser ist die Luftfeuchtigkeit stets höher. Außerdem braucht ihr nicht so häufig zu gießen und spart am Ende noch eine Menge Wasser ein.

Für den Einstieg ist die Hydroponik also supergeeignet. Die Pflege der Pflanzen ist einfach nicht so intensiv, da sie stets mit Wasser und Nährstoffen versorgt sind.

Je nach Equipment können die Anschaffungskosten aber relativ hoch ausfallen. Für den Hobbyanbau gibt es günstige Indoor-Systeme oder aber ihr nutzt, was ihr habt, und baut euch selbst etwas. Bei Hydroponic-Systemen treten zwar seltener Krankheiten auf, wenn es aber doch einmal dazu kommt, verbreiten sich die Krankheitserreger über das Wasser schnell, sodass bald alle Pflanzen befallen sind. Ein weiterer Nachteil dieser Systeme ist der Energiebedarf, denn vor allem Licht ist bei dieser Kultivierungsmethode wichtig und erfolgt bei den smarten Indoor-Systemen mit Pflanzenlampen.

Welche Pflanzen eignen sich?

Für den hydroponischen Anbau eignen sich beinahe alle Pflanzen, egal ob Kräuter, Salate oder Gemüse wie Tomaten, Gurken, Zucchini oder Knollengemüse und Kohlsorten. Je nachdem, mit welchem System oder welcher DIY-Vorrichtung ihr arbeitet, solltet ihr die Auswahl der Pflanzen planen. Denn Zucchini nehmen beispielsweise auch mit der Hydroponikmethode viel Platz ein. Besonders Blattgemüse wie Salat eignet sich dagegen hervorragend.
Die Pflanzen selbst könnt ihr aus Samen anziehen oder durch die Vermehrung von Stecklingen bekommen, die ja auch in Wasser bewurzelt werden können. Alternativ könnt ihr auch Jungpflanzen zukaufen, die Erde abspülen und die Pflanzen in das System setzen.

Ein spezielles Hydroponik-Gewächshaus mit vertikalen Anzuchtmöglichkeiten und passender Beleuchtung schafft mehr Platz.

Das richtige System und die passende Pflege

Anfänger im Bereich Hydroponik sollten sich nicht gerade das größte und kostspieligste System zulegen. Schaut euch die verschiedenen Angebote an und überlegt, welches in eure Wohnung passt. Wie viel und vor allem welches Gemüse oder welche Kräuter ihr anbauen möchtet, fließt ebenfalls in die Entscheidung ein.

Mit Messgeräten könnt ihr jederzeit den EC-Wert (Nährstoffgehalt) und pH-Wert überprüfen. Dazu benötigt ihr einen pH-Meter und einen EC-Meter. Beides bekommt man im Baumarkt oder Gartencenter.
Sonnenlicht spielt natürlich genauso wie bei allen anderen Kultivierungsmethoden auch hier eine große Rolle. Die Anforderungen an das Licht sind dieselben wie bei der Kultur im Topf. Kräuter und Salate hingegen mögen es sogar länger hell und es empfiehlt sich daher, das Gemüse zwischen 16–18 Stunden zu beleuchten.

Wo die Nährstoffe herkommen

Für die Hydroponik benötigt ihr spezielle Nährstofflösungen. Herkömmlichen Flüssigdünger, der für Topfpflanzen verwendet wird, kann man nicht nehmen, es gibt aber speziellen Hydroponik-Dünger sowohl in organischer als auch in mineralischer Form.

Hydroponik-Systeme und was sie bieten

Es gibt viele verschiedene Systeme, zwischen denen ihr wählen könnt. Man unterscheidet zwischen passiven und aktiven Systemen, außerdem gibt es Unterschiede im Aufbau, der Komplexität und der Effizienz. Überlegt euch im Vorfeld, was ihr anbauen möchtet und wie viel Platz ihr habt. Checkt die Bedingungen in eurer Wohnung und sucht euch dann das für euch passende System aus.

Passive Systeme

Passive Systeme, die ihr auch selbst bauen könnt, kommen ohne Strom aus. Sie verfügen weder über eine Pumpe noch über andere technische Funktionen wie beispielsweise eine zusätzliche Pflanzenlampe. Passive Hydroponik-Methoden basieren auf kapillaren Vorgängen und es gibt keine elektrische Wasser- und Luftpumpe. Es können schon einfache Pflanztöpfe umfunktioniert werden.

Dochtsystem und Tiefwasserkultur

Einige meiner kostbaren Zimmerpflanzen stehen in Hydrokulturtöpfen. Sie sind z. B. in Blähton oder Perlite gepflanzt. Der untere Teil des Topfs ist ein Wasserreservoir, über das sich die Wurzeln mithilfe eines Dochts selbst mit Wasser versorgen können. Nährstoffe gibt es in Form von mineralischem Dünger. Für Gemüse und Kräuter funktioniert diese Methode ebenfalls.

Wurzelwachstum ganz ohne Substrat allein in einer speziellen Nährstofflösung – das funktioniert gut bei hydroponischen Systemen.

Werden Tomaten in einem Hydroponik-System in Blähton gepflanzt, benötigen sie keine Erde – das ist eigentlich eine saubere Sache.

Auch die Tiefwasserkultur ist effizient und einfach. Die Pflanzen stehen oder hängen in einem Netztopf auf einer schwimmenden Plattform. Darunter befindet sich der Wassertank mit der Nährstofflösung, in die hinein die Wurzeln ragen.

Aktive Systeme

Aktive Systeme sind komplexer und benötigen Strom, sie eignen sich vor allem für oberirdisch wachsende Pflanzen wie Salat, Kohl, Spinat und Erbsen oder Bohnen. Es gibt verschiedene Ausführungen.

› Bei dem Deep-Water-Culture System hängen die Wurzeln der Pflanzen fast komplett im Wasser. Damit die Pflanzen nicht ertrinken, wird die Nährstofflösung mithilfe eines Airstone mit Luft angereichert.

› Bei der Ebbe-und-Flut-Methode wird die Nährstofflösung mit einer Pumpe in das Wasserreservoir gepumpt und läuft in ein anderes wieder ab.

› Das sehr effiziente Tröpfchensystem wird gerne in der kommerziellen Hydroponik verwendet. Die Netztöpfe mit den Pflanzen sind über dem Wasserreservoir angebracht, eine Wasserpumpe pumpt kontinuierlich die Nährstofflösung zu den Pflanzen führt.

› Dann gibt es noch das NFT-System. NFT ist die Abkürzung für Nährstoff-Film-Technik. Bei diesem System stehen die Pflanzen in einer Röhre, ein dünner Wasser- und Nährstofffilm läuft an den Wurzeln entlang, der mithilfe einer Wasserpumpe hinaufgepumpt wird. Über einen Abfluss gelangt das Wasser zurück in den Kreislauf.

TOOLS

Register

Rezepte

Bezugsquellen

Zubehör / Utensilien

Töpfe aus Hanffasern
gibt es bei **meinwoody.de**

Töpfe aus Holzfasern gibt es von Fertil, sie können z. B. bei **samenhaus.de** bestellt werden

Töpfe aus Naturkautschuk gibt es z. B. von Green & Fair; sie können u. a. bei **avocado-store.de** bestellt werden

Töpfe auf Basis von Sonnenblumenschalen gibt es bei **pottburri.de**

Handtopfpressen gibt es bei **matelma.com**

Erde im Paperbag gibt es von Kleeschulte und ist erhältlich z. B. bei **shoprankwerk.de**

Gartenhandschuhe aus Naturkautschuk von Fair Zone gibt es z. B. bei **avocadostore.de**

Gartenschnur aus Schafwolle gibt es bei **andermatt-biogarten.de**

Nachhaltiges Zeug für Küche, Bad, Garten bekommt ihr z. B. bei **daheeme.de** und **manufactum.de**

Starterpakete für Microgreens und Sprossen, Sprossengläser, Saatgut und noch viel mehr gibt's bei **microgreen-shop.com**

Saatgut / Substrat

Biosaatgut, Pflanzgut und Pilzbrut könnt ihr z. B. bei **biogartenversand.de** bekommen

Biosaatgut, Anzuchtsets, Erden und Dünger bietet **shop.plantura.garden**

Biosaatgut, alte Sorten und Raritäten gibt es auch bei
bingenheimersaatgut.de
magicgardenseeds.de

Kräutersaatgut bietet z. B. **didaseeds.com** an

Pilze

Alles für die Pilzzucht bekommt ihr z. B. bei
pilzmaennchen.de
pilzbrut.de
pilzzuchtshop.eu

Dank

Kaum zu glauben, aber es ist tatsächlich einfacher, ein ganzes Buch zu schreiben, als diese kurze, so wichtige Danksagung. Die Lorbeeren für dieses Werk möchte ich allerdings nicht allein einstreichen. Um ein Buch wie dieses zu veröffentlichen, bedarf es vieler Menschen. Und denen möchte ich Danke sagen.
Zunächst richtet sich mein Dank an Verena. Ohne dich hätte sich die Möglichkeit, ein zweites Buch zu schreiben, wohl nicht ergeben.

Eine Veröffentlichung ohne den Verlag wäre erst recht unmöglich. Dafür einen großen Dank an alle Mitwirkenden. Vor allem an Lisa. Für deine Struktur, Anregungen, Ideen und die wunderbare, entspannte und gute Zusammenarbeit. Es hat unglaublich viel Spaß gemacht, dieses Projekt mit euch zu verwirklichen.

Was da tagsüber oder auch in der einen oder anderen Nacht auf dem Papier gelandet ist, wäre ohne meine Lektorin Christine nicht vorzeigbar gewesen. Du hast aus meinem Wortchaos Grandioses gezaubert und ich bin mir sicher, das war nicht immer ganz einfach. 1000 Dank für deine Mühe.

Ein riesiges Dankeschön an meinen Mann. Du lässt mich einfach machen. Sogar im Dolomitenurlaub, den ich dieses Mal größtenteils vor dem Laptop verbracht habe, um zu schreiben. Danke auch dafür, dass du meine schlechte Laune und den Stress zwischendurch immer mit Ruhe und Gelassenheit genommen hast. Und auch das Chaos, das meine Schwester und ich während der Shootings im Haus verursacht haben. Die Fotos können sich dafür sehen lassen. Daher gilt mein Dank auch meiner Schwester Julia. Dieses Buch wäre ohne deine Fotos nur halb so schön geworden.

Danke an meine Muddi. Du hast mich täglich daran erinnert, zu schreiben und fertig zu werden. Wenn die Motivation oder Ideen gefehlt haben, wart ihr da, meine liebe Öko-Bande. Danke Franzi, Verena, Laura, Marisa, Andrea und Tati. Dir Tati ein extra großes Danke für die Unterstützung mit deinem wunderbaren Shop daheeme.

Herrn Nikolaus, unserem Hund, sage ich auch Danke. Dafür, dass er unzählige Regrow-Projekte gefressen und uns so sicher vor Schlimmerem bewahrt hat.

Über die Autorin

Annemarie Imgrund, Jahrgang 1987, aufgewachsen auf dem Land und in der Welt zu Hause, ist am liebsten mit ihrem Hund in den Bergen unterwegs oder kümmert sich um ihre hunderten Zimmerpflanzen. Der grüne Daumen war nicht immer grün, aber der Wille groß. Auf ihrem Blog todayis.de und Instagram Kanal @todayis_de inspiriert sie seit über einem Jahrzehnt zu mehr Nachhaltigkeit im Alltag, berichtet von ihrem Ehrenamt bei den Lebensmittelrettern, den Hochs und Tiefs bei der Sanierung ihres Hauses und teilt ihre Rezepte, Reiseberichte, Pflanzentipps und Gedanken zu gesellschaftspolitischen Themen mit ihrer Community. Dabei nimmt sie kein Blatt vor den Mund und lacht meist auch am lautesten über sich selbst.

QUALITÄTS GU GARANTIE

LIEBE LESERINNEN UND LESER,

wir wollen Ihnen mit diesem Buch Informationen und Anregungen geben, um Ihnen das Leben zu erleichtern oder Sie zu inspirieren, Neues auszuprobieren. Wir achten bei der Erstellung unserer Bücher auf Aktualität und stellen höchste Ansprüche an Inhalt und Gestaltung. Alle Anleitungen und Rezepte werden von unseren Autoren, jeweils Experten auf ihren Gebieten, gewissenhaft erstellt und von unseren Redakteur*innen mit größter Sorgfalt ausgewählt und geprüft.

Haben wir Ihre Erwartungen erfüllt? Sind Sie mit diesem Buch und seinen Inhalten zufrieden? Wir freuen uns auf Ihre Rückmeldung. Und wir freuen uns, wenn Sie diesen Titel weiterempfehlen, in Ihrem Freundeskreis oder bei Ihrem Online-Kauf.

Sollten wir Ihre Erwartungen so gar nicht erfüllt haben, tauschen wir Ihnen Ihr Buch jederzeit gegen ein gleichwertiges zum gleichen oder ähnlichen Thema um.

KONTAKT ZUM LESERSERVICE

GRÄFE UND UNZER VERLAG
Grillparzerstraße 12
81675 München
www.gu.de

GRÄFE UND UNZER

Ein Unternehmen der GANSKE VERLAGSGRUPPE

IMPRESSUM

GU

GU ist eine eingetragene Marke der GRÄFE UND UNZER VERLAG GmbH, www.gu.de

ISBN 978-3-8338-8800-7
2. Auflage 2023

Projektleitung: Lisa Seibel
Lektorat: Christine Weidenweber
Korrektorat: Andrea Lazarovici
Bildredaktion: Christine Weidenweber, Lisa Seibel, Natascha Klebl (Cover)
Umschlaggestaltung und Layout: ki 36 Bettina Stickel Editorial Design, München
Herstellung: Susanne Fuhrmann
Satz: griesbeckdesign, Dorothee Griesbeck, München
Reproduktion: Longo, Bozen
Druck und Bindung: Firmengruppe APPL, Wemding

WICHTIGER HINWEIS

Die Methoden und Anregungen in diesem Buch stellen die Erfahrung der Verfasserin dar. Sie wurden von der Autorin nach bestem Wissen erstellt und mit größtmöglicher Sorgfalt geprüft. Weder Autorin noch Verlag können jedoch für eventuelle Nachteile oder Schäden, die aus den im Buch gegebenen praktischen Hinweisen resultieren, eine Haftung übernehmen.

BILDNACHWEIS

Adobe Stock: 091, 102-2, 103-2, 131, 147-2, 148, 152, 153. Annemarie Imgrund: 002, 013, 014, 015-1, 022, 023, 029-2, 029-1, 039, 050, 058, 059, 062, 063, 066, 067, 070, 071, 073-2, 074-2, 074-1, 075-1, 076-2, 077-3, 076-1, 077-2, 077-1, 078, 081, 083, 085, 087, 088, 089, 090, 098-2, 098-1, 099-2, 099-1, 100-2, 101-2, 101-1, 102-1, 105, 106, 107, 109, 110, 113, 115, 119-3, 118-1, 119-2, 119-1, 121-3, 121-2, 120, 121-1, 123-3, 123-2, 122, 123-1, 124-2, 124-1, 125, 126, 127, 128, 130, 133, 136-2, 135, 136, 137, 139-2, 138, 139-1, 141-2, 141-1, 142, 143, 144, 145, Buchrückseite (rechts). Flora Press: 147-1. Julia Carola Pohle: 006, 009, 010, 015-2, 016, 019, 021, 027, 034, 037, 042-1, 042-2, 043-1, 043-2, 043-3, 044-1, 044-2, 045-1, 045-2, 045-3, 047, 048, 053, 057, 061, 065, 069, 072-1, 072-2, 073-1, 075-2, 092, 095, 096-1, 096-2, 097-1, 097-2, 100-1, 154, 159, Buchrückseite (links); Mauritius Images: 103-1, 151.

Cover bestehend aus: Adobe Stock: Tomaten, Basilikum. Getty Images: Paprika. iStock: Salat, Minze. Stocksy: Model, Fenster. The Noun Project/lastspark: Icon Button.

Alle Illustrationen: Shutterstock. Illustrationen Kapitelaufmacher: Creative Market. Papier-Hintergrund Cover, Kapitelaufmacher, Sonderseiten: Pexels.

UMWELTHINWEIS

Nachhaltigkeit ist uns sehr wichtig. Der Rohstoff Papier ist in der Buchproduktion hierfür von entscheidender Bedeutung. Daher ist dieses Buch auf PEFC-zertifiziertem Papier gedruckt. PEFC garantiert, dass ökologische, soziale und ökonomische Aspekte in der Verarbeitungskette unabhängig überwacht werden und lückenlos nachvollziehbar sind.